Trybuchowce
Jazłowiec
Jagielnica
Szulhanówka
Dolina
Kosochacz
Chomiakówka
Salówka
Nagórzanka
Muchawka
Burakówka
Popowce
Koszyłowce
Szybinka
Capowce
Antonów
Tłuste
Ułaszkowce
Jezierzany
Milowce
Kapuścińce
Lisowce
Szypowce
Hołowczyńce
Karolówka
Rożanówka
Panska Mogiła
Nagórzany
Dublowa mogiła
Czernelica
Czerwonogród
Uścieczko
Berestek
Worwolińce
Muszkarów
Bilcze
Dzwiniacz
Siemakowce
Potoczyska
Torskie
Uhryńkowce
Wyszczanka
Monastyrek
Jwanie
Horodnica
Strzyłcze
Horodenka
Zaleszczyki
Serafińce
Zamuszyn
Piłatkowce
Jasienów Polny
Kisselen
Radobestie
Werenczanka
Stecowa
Stawczan
Zastawna
Dniester

Shlomo Wolkowicz
Das Grab bei Zloczow

Shlomo Wolkowicz

Das Grab bei Zloczow

Geschichte meines Überlebens. Galizien 1939-1945

Wichern-Verlag

Die deutsche Bibliothek – CIP-Einheitsaufnahme

Wôlqôvîcş, Šelomo:
Das Grab bei Zloczow : Geschichte meines Überlebens;
Galizien 1939 - 45 / Shlomo Wolkowicz.
Berlin : Wichern-Verl., 1996
ISBN 3-88981-092-6

Lektorat: Barbara Zillmann

Fotosatz: Steinhardt, Berlin
Druck: Color-Druck Dorfi, Berlin
Buchbinderei: H. Stein, Berlin
ISBN 3-88981-092-6

Für meine Brüder, die nicht zurückkamen

Inhalt

Ich wollte mich nicht erinnern

Erst im Juni 1990, auf Grund wiederholter Bitten meiner Tochter, habe ich angefangen, meine Erinnerungen aus der Zeit des Zweiten Weltkriegs aufzuschreiben. Bis dahin versuchte ich, zu vergessen, mich von den Ereignissen der Kriegstage zu lösen, und bin doch hunderte Male nachts von Träumen aufgewacht, die mich verfolgten. Ich gewöhnte mich daran und sprach nicht darüber.

Viele Jahre widmete ich meine Zeit vor allem der Arbeit. Als Geschäftsführer israelischer Unternehmen der Automobilbranche nahm mich die Gegenwart ganz in Anspruch. Ich wollte etwas leisten und mich nicht durch Gedanken an die Vergangenheit von den Aufgaben des Tages ablenken lassen. Ich wollte ein normales Leben führen.

Meine berufliche Tätigkeit führte mich in den achtziger Jahren auch nach Deutschland. Drei Jahre lebte ich in Gießen. Ich fühlte mich dort wohl, frischte meine Deutschkenntnisse auf und lernte viele aufgeschlossene Deutsche kennen. Ich wurde zu Veranstaltungen der Gesellschaft für Christlich-Jüdische Zusammenarbeit, zu Vorträgen und Gedenkfeiern eingeladen.

Am 9. November 1988, dem Tag der Erinnerung an die »Kristallnacht«, nahm ich an einer Gedenkfeier in Gießen teil. Zusammen mit dem Oberbürgermeister der Stadt und dem Vorsitzenden der Jüdischen Gemeinde versammelten sich viele Menschen, um die ehemals jüdischen Orte der Stadt aufzusuchen. Ich stand mit ihnen auf dem Platz vor der Kongreßhalle, wo früher eine Synagoge gestanden hatte.

Auf einmal fing es an zu regnen. Ich beobachtete die Leute, die da versammelt waren. Niemand rührte sich. Niemand lief weg. Alle blieben, gingen im Regen los, ich mit ihnen. Wieso?, fragte ich mich, was bindet diese jungen Deutschen der ersten und zweiten Nachkriegsgeneration an die jüdischen Stätten, an die »Kristallnacht«? Wir besuchten die Plätze, an denen Juden gelebt und gewirkt hatten, und kehrten völlig durchnäßt zum Ausgangspunkt zurück.

In solchen Momenten gingen meine Gedanken zurück in die Kriegsjahre. Ich habe dann verglichen, wie sich diese Menschen hier verhielten und was ich im Krieg unter den Nazis erlebt hatte. Ich kam zu der Überzeugung, daß inzwischen sehr vieles anders war. Als ich nach Israel zurückkehrte, wußte ich, es gibt ein anderes Deutschland.

Etwas löste sich in mir. Da ich noch viel Urlaub nachzuholen hatte, beschloß ich, einige Monate Pause zu machen. Ich wollte ausprobieren, wie es ist, wenn man nicht um sechs Uhr morgens aufstehen muß, ich wollte wieder einmal ein Buch lesen oder einige Tage nach Eilat fahren.

Zunächst lud ich meine Tochter in ein Restaurant außerhalb der Stadt ein und erzählte ihr von den positiven Eindrücken aus Deutschland. Wieder begann ich innerlich zu vergleichen. Dann sagte ich spontan: »Ich habe es niemals erzählt, ich habe doch so viel erlebt. Ich war ja schon begraben.«

Omna, die wußte, daß ich Schweres durchgemacht hatte, aber keine Einzelheiten kannte, bat mich, endlich einmal alles aufzuschreiben. Ich dachte, gut, ich schreibe ein bißchen, zwanzig, dreißig Seiten für meine Enkelkinder. Als ich mit dem Papier allein war, schrieb ich mehr und mehr. So begann ich, ein kleines Fenster zu öffnen, durch das man in die unwirkliche und doch wirkliche Welt der Qualen blicken kann, die ich durchgemacht habe.

Ich habe nicht die Absicht, eine vollständige Autobiographie zu schreiben. Ich möchte bezeugen, was ich damals in Galizien erlebt habe, über besondere Ereignisse berichten, von aussichtslosen

Situationen und von Hoffnungsmomenten erzählen. Es ist ein Bericht über die Tragödie der polnischen Juden zur Zeit des Zweiten Weltkriegs. Es ist zugleich die Geschichte eines jüdischen Jungen, der um sein Leben kämpfte und dem es jedesmal gelang zu fliehen, wenn er getötet werden sollte. Es ist die Geschichte eines Jungen, der unter den schweren Umständen seiner Zeit lediglich leben wollte, leben wie alle Menschen auf dieser Erde.

Ich widme diese Aufzeichnungen meiner Tochter Omna und meinen lieben Enkelkindern Michal und Tal.

Zu Hause hörten wir viele Sprachen. Frida (12), Bella, Shlomo (15), Moses (9) und Rubin Wolkowicz 1939.

Die Heimat

Kindheit in Jagielnica

Wer liebt nicht seine Heimatstadt? Wer ist nicht eng mit ihr verbunden, ganz gleich, ob es eine große, prunkvolle Stadt oder ein kleines, armseliges Städtchen ist?

Ich hatte zwei Heimatstädte. In Jagielnica, einer polnischen Kleinstadt in Ostgalizien, der heutigen Ukraine, bin ich aufgewachsen; in der Großstadt Lemberg, die ich sehr liebte, habe ich ein jüdisches Gymnasium besucht und viele Jahre meiner Jugend verbracht.

Meine Eltern besaßen in Jagielnica ein schönes Haus aus Stein, nahe der Kirche an einem Hang gelegen, der sich bis zum Flüßchen Czerkaska im Tal hinunterzog. Wir sahen auf dem Hügel gegenüber die Fabrik, in der mein Vater arbeitete und von der er abends über eine kleine Brücke nach Hause kam. Ich sehe uns noch in unserem großen Garten: meine Eltern, Rubin und Bella Wolkowicz, meine Schwester Frida, mein kleiner Bruder Moses und ich. Eine Zeit, aus der ich viele angenehme Erinnerungen behalten habe.

Vater und Mutter waren in Jagielnica geboren, das bis zur Gründung einer unabhängigen polnischen Republik 1918 zu Österreich gehörte. Vater, der lange in Wien gelebt und gelernt hatte, war im Ersten Weltkrieg von der österreichischen Armee eingezogen und in unsere Gegend versetzt worden. Als der Krieg zu Ende war, blieb er in Jagielnica und arbeitete zunächst bei einer Baufirma. In dieser Zeit lernte er meine Mutter kennen, die Tochter eines Getreidehändlers.

Mein Vater hatte vier Brüder. Zwei von ihnen, Awram und Hermann, waren in eine andere polnische Stadt gezogen, der dritte, Schmuel, war nach Argentinien ausgewandert, und der vierte, Meir, blieb in Jagielnica bei meinen Großeltern, an die ich mich gut erinnern kann. Auch meine Mutter hatte mehrere Geschwister, wir bekamen daher oft Besuch von Vettern und Cousinen.

Zu Hause sprachen wir polnisch, waren aber früh mit anderen Sprachen vertraut. Die Großmutter sprach Jiddisch mit uns, viele Freunde des Vaters sprachen Deutsch, und wir Kinder blätterten manchmal in Zeitschriften, die der Vater immer noch aus Wien geschickt bekam. Auch Ukrainisch war uns nicht fremd, denn viele Ukrainer lebten in der Stadt, und wir hörten ihre Sprache auf der Straße.

In Jagielnica wohnten damals etwa fünftausend Menschen. Ein Viertel von ihnen waren Juden, die meist als Handwerker ihr Brot verdienten. Einige hatten ein gutes Einkommen und besaßen einen gewissen Einfluß in der Stadt. Zu ihnen gehörte mein Vater. Er war, obwohl ein »Żyd«, ein Jude, technischer Leiter in der staatlichen Tabakfabrik, beim »Tabakmonopol«, wie es damals hieß. Das war eine Ausnahme, denn die staatlichen polnischen Industriebetriebe beschäftigten in der Regel keine Juden. Aber mein Vater war ein Spezialist. Seine Baufirma hatte nach dem Krieg den Auftrag erhalten, die Fabrik in Jagielnica zu modernisieren. Dazu gehörte die Einrichtung von Dampfkammern für die Tabakfermentation. Mein Vater hatte vorher an der Entwicklung dieser Kammern mitgearbeitet, für die seine Firma das Patent besaß; als die Gebäude fertiggestellt waren, bat man ihn zu bleiben und die technische Leitung der Fabrik zu übernehmen. Er sagte zu und erhielt 1925 eine Anstellung beim polnischen Tabakmonopol, dessen Sitz in Krakau war. Außer in Jagielnica übernahm er auch in anderen Tabakfabriken die Wartung und Instandhaltung der technischen Anlagen.

Neben der Arbeit war Vater in der Jüdischen Gemeinde tätig. Er saß im Vorstand einer jüdischen Bank, die mittellosen Juden zinslose Kredite zur Verfügung stellte, und vertrat dort die Interessen der Handwerker. Wenn ein Tischler zum Beispiel eine neue Schneidemaschine für seine Werkstatt kaufen wollte, das Geld aber

Noch wie ein Dorf. Auf dem Marktplatz von Jagielnica, etwa 1912. Im Hintergrund das alte Schloß des Königs Jagiello.

nicht reichte, konnte er es sich für ein, zwei Jahre bei der Bank leihen.

Auch für jüdische Kinder setzte sich mein Vater ein. Ich kann mich daran erinnern, wie plötzlich bekannt wurde, daß es viele kleine Kinder in der Stadt gab, die den ganzen Tag hungern mußten und tagelang nichts Warmes zu essen bekamen. Da haben der Vater und ein Freund in der hebräischen Schule eine Küche ausgebaut, in der die Kinder täglich eine warme Mahlzeit erhielten.

Diese Schulspeisung wurde, ebenso wie die hebräische Schule, durch Spenden reicher Juden finanziert. Vor allem der österreichisch-ungarische Baron Madrice de Hirsch hatte nach seinem Tod 1896 jüdischen Schulen und Wohlfahrtsorganisationen ein großes

Vermögen hinterlassen. Die jüdische Schulverwaltung brauchte daher keine Unterrichtsgebühren zu erheben.

Jagielnica war, wie die meisten Landgemeinden, weit hinter dem Standard der Großstädte zurück. In vielen Häusern gab es kein fließendes Wasser, kein elektrisches Licht, und viele Juden lebten in großer Armut. Manche, die sich am Freitag kein Schabbatbrot kaufen konnten, standen eine Stunde vor Schabbatbeginn vor unserem Haus, um ein wenig Geld zu erbitten, wenn mein Vater aus der Fabrik kam.

Gerade die armen Menschen pflegten die jüdische Tradition, weil sie ihnen einen Zusammenhalt bot. Die meisten befolgten die wichtigsten religiösen Rituale; sie legten morgens die Tefillin, die Gebetsriemen, an, besuchten am Schabbat die Synagoge und feierten das Pessachfest und andere jüdische Feste. Auch meine Eltern, die sich als assimiliert verstanden und schon durch die beruflichen Beziehungen meines Vaters viele Kontakte zur polnischen Bevölkerung hatten, hielten sich an die religiösen Bräuche.

Ich habe in Jagielnica mit polnischen und ukrainischen Kindern zusammen die städtische Volksschule besucht und bin, anders als meine Schwester, nur ein Jahr in die hebräische Schule gegangen, wo wir ein wenig Hebräisch sprechen und schreiben lernten. Weil der Unterricht am Nachmittag stattfand und freiwillig war, kam nicht soviel dabei heraus, wie ich fand. Ich hatte wenig Zeit dazu: Die Volksschule dauerte bis mittags, die Hausaufgaben mußten gemacht werden, und danach traf ich mich lieber mit Freunden aus dem Sportverein auf einem Platz außerhalb der Stadt, wo wir für Sportfeste und Akrobatik-Vorführungen übten oder Fußball spielten. Ich war flink und drahtig, daher durfte ich im Schulsportverein mitmachen, obwohl ich ein jüdischer Junge war. Manchmal gab es auch einen Film im kleinen Kino der Stadt, oder ich schaute mir die Gastvorstellung eines Theaters oder Wanderzirkus an, die, selten genug, in unserer Stadt haltmachten.

Das Leben in Jagielnica war im allgemeinen sehr ruhig. An den Wochenenden trafen wir uns in Gruppen der zionistischen Jugendbewegung. Ich war für einige Zeit Mitglied des Jugendbundes Gordonya, dem sich auch meine Freunde anschlossen. Wir hörten

Ein warmes Essen für die Kinder. Rubin Wolkowicz (rechts) bei der Speisung in der hebräischen Schule. Jagielnica 1935.

dort Vorträge über die Geschichte des jüdischen Volkes und lernten hebräische Lieder.

Die jüdische Jugend war von den christlichen Alterskameraden weitgehend isoliert, denn die Polen hielten sich von uns fern, so weit sie nur konnten. Wir kamen mit ihnen außerhalb des Unterrichts meist nur bei offiziellen Schulveranstaltungen oder bei Fußballspielen zusammen. Wenn dann einmal eine jüdische Mannschaft ihre polnischen Gegner besiegte, führte das oft zu antisemitischen Ausbrüchen enttäuschter Zuschauer. Am Ende des Spiels war es ratsam, sich schnell zu entfernen, um nicht Schläge oder Steinwürfe abzubekommen.

Die judenfeindliche Stimmung in der polnischen Bevölkerung wurde von der katholischen Kirche, der die meisten Polen angehörten, geschürt. Sie hatte einen großen Einfluß gerade auf einfache Menschen, und wenn der Priester von der Kanzel herab immer wieder sagte: »Die Juden haben unseren Jischu gekreuzigt«, dann blieb das nicht ohne Wirkung.

Es gab zwei Kirchen in Jagielnica, eine katholische für die Polen und eine griechisch-orthodoxe für die Ukrainer. In drei Synagogen fanden sich die jüdischen Handwerker, die Kaufleute und die orthodoxen Juden zusammen. Im Alltag hatte das Leben von Juden und Christen, von Polen, Juden und Ukrainern wenig Berührungspunkte. Jede Bevölkerungsgruppe ging ihren Traditionen nach. Mein Vater bemühte sich, gute Beziehungen zu allen zu pflegen.

Es gab in unserer Stadt vier, fünf Rabbiner, die kleine Gruppen von Schülern bei sich zu Hause oder in einem Raum der Synagoge versammelten, um sie in die jüdischen Religionsgesetze einzuweihen und mit ihnen Tora und Talmud zu lernen. Auch ich habe einmal, zur Vorbereitung auf meine Bar Mizwa, der »Einsegnung« bei Vollendung des dreizehnten Lebensjahres, einige Monate an einem solchen Unterricht teilgenommen. Es war bei Rabbiner Hermes Tarter, zu dem mich mein Vater geschickt hatte, weil er der angesehenste Lehrer in der Gegend war. Er hatte eine Gruppe schon älterer Schüler, zwanzigjährige, die aus den »Aufklärungen« des Talmud lernten. Ich kann mich erinnern, daß ich zu ihm ging, um unter anderem den »Schulchan Aruch« (wörtlich: »der vorbereitete Tisch«) zu lernen. Ich erfuhr also, wie der »Tisch« für den Juden vorbereitet sein soll und was die wichtigsten religiösen Pflichten waren.

Manchmal bin ich früher gekommen und habe den Älteren zugehört. Sie lernten zu dieser Zeit einen Teil aus den Erklärungen »Babameziah«. In diesen Büchern wird das Zusammenleben von Mann und Frau beschrieben, die Verhältnisse bei der Heirat, bei Scheidungen, und wie man dann teilt. Ich habe damals als Dreizehnjähriger gespannt zugehört, denn das war etwas vom Leben, darüber hörte man die Erwachsenen sprechen: Da war jemand geschieden, da heiratete jemand, da gab es Streit. Ich war erstaunt, daß alle diese Situationen schon vor Jahrhunderten beschrieben und gesetzlich geregelt worden waren, und es beeindruckte mich, wie der Rabbi uns alles erklären konnte. – Auch ich lernte Kapitel aus dem Talmud und aus der Tora, ich lernte die jüdischen Riten und bereitete mich auf den großen Tag meiner Bar Mizwa vor.

Der dreizehnte Geburtstag eines jüdischen Jungen ist einer der wichtigsten Tage in seinem Leben, denn mit dreizehn Jahren gilt er nach der jüdischen Tradition als religiös volljährig. Von nun an nimmt er gleichberechtigt an allen Rechten und Pflichten der religiösen Gemeinschaft teil, er wird ein »Sohn der Pflicht«, »Bar Mizwa«.

Die Bar Mizwa-Feier beginnt in der Synagoge und ist in mancher Beziehung mit der christlichen Kommunion zu vergleichen. Der Junge wird aufgerufen, erstmals aus der Torarolle, der handgeschriebenen Bibel, zu lesen; er legt zum ersten Mal die Tefillin an. Der Rabbiner hält ihm zu Ehren eine Ansprache, und der Junge ist der Mittelpunkt des Samstagmorgengottesdienstes. Die Feier geht zu Hause im Kreis der Familie und der Freunde weiter.

Fast jeder Junge, der dreizehn Jahre alt ist, erlebt auf diese Weise die Bar Mizwa und wird so in die jüdischen Riten eingeführt. Auch ich habe mit Stolz daran teilgenommen, weil es Tradition war. Den Religionsunterricht bei einem Rabbiner mußte man allerdings bezahlen, und auch die Ausrichtung der Feier kostete etwas. Die das Geld nicht hatten, haben versucht, vom Vater zu lernen, was ein gläubiger Jude beachten muß.

Kurze Zeit nach meiner Bar Mizwa erkrankte Rabbiner Tarter und blieb an sein Krankenlager gefesselt. Als ich ihn einmal besuchte, fand ich ihn in einem sehr schlechten Gesundheitszustand. Ich näherte mich vorsichtig seinem Bett, doch er schien mein Kommen nicht zu bemerken. Seine Augen waren geschlossen. Ich wartete ein paar Minuten, und als ich schon wieder gehen wollte, rief er leise seine Tochter, die während der ganzen Zeit neben dem Bett gesessen hatte. Sie legte das Ohr an seine Lippen und lauschte seinen Worten: »Ist einer meiner Schüler hier?« Sie bejahte und fragte mich nach meinem Namen. Der Rabbi hörte mich nun, und mit einer schwachen Bewegung seiner Hand befahl er mir näherzukommen. Ich beugte mich über ihn und legte den Kopf an seine Brust. Langsam hob er die Hände, legte sie auf mein Haar und gab mir seinen Segen.

Wie gebannt stand ich noch eine Weile da. Plötzlich war ein tiefer Atemzug zu hören, als ob der Gerechte seine Seele aushauchte. Der Rabbi hatte seine Seele Gott zurückgegeben.

In den kommenden Jahren dachte ich oft daran, daß er mich gesegnet hatte, und mir war manchmal so, als spürte ich seine Hände auf meinem Kopf. Besonders in schweren Zeiten beruhigte und stärkte mich das. Ich wußte dann, er ist mit mir.

Das Leben

Jugend in Lemberg (Lwow)

Da es in Jagielnica kein Gymnasium gab, mußten Schüler, die eine höhere Schule besuchen wollten, in die nächstgrößere Stadt ziehen. Ich hatte das Glück, daß die Eltern meinen Unterricht und meinen Lebensunterhalt in Lemberg finanzierten und ich in einem angesehenen jüdischen Gymnasium lernen konnte.

Lemberg war zu dieser Zeit eine der größten, interessantesten und schönsten Städte Polens und hatte etwa 300.000 Einwohner; etwa 100.000 waren Juden, 50.000 Ukrainer und etwa 150.000 Polen.

Seit ihrer Gründung war die Stadt ein Knotenpunkt des internationalen Handels zwischen Ost- und Westeuropa, zwischen der Ostsee und dem Schwarzen Meer gewesen. Darüber hinaus war Lemberg eine wichtige Industriestadt und ein bekanntes Kulturzentrum. Es gab eine Universität, eine berühmte Bibliothek, eine technische Hochschule, ein Konservatorium, Kunstgalerien, ein Opernhaus und ein Theater, in dem auch Aufführungen in Jiddisch stattfanden.

Die jüdische Gemeinde Lembergs war eine der ältesten und größten Polens. In der Stadt gab es zahlreiche Synagogen unterschiedlicher Glaubensrichtungen, drei jüdische höhere Schulen, deren Unterrichtssprache Polnisch war, und viele, in denen die deutsche Sprache gelehrt wurde. Der Vorstand der Jüdischen Gemeinde bestand aus assimilierten Juden; die Zionisten waren zu dieser Zeit in der Opposition.

Im Sommer des Jahres 1937 fuhr ich mit meinem Vater nach Lemberg, um die Aufnahmeprüfung für das technische Korkis-Gymnasium abzulegen. Ich erlebte drei anstrengende und spannende Tage, aber es lohnte sich: Ich wurde aufgenommen. Meine Freude war riesig. Ich war glücklich, in Lemberg lernen und leben zu dürfen.

Ich wohnte in der Supinskiegostraße 7 bei Familie Sammet in einem eigenen Zimmer. An der Westseite der Straße stand die Zitadelle, eine alte Festung, und an der Ostseite lag der Stryskipark, ein großer öffentlicher Park, der wegen seiner Schönheit überall in Polen bekannt war. Ich war nach Lemberg aus einer Kleinstadt gekommen, und es fiel mir am Anfang nicht leicht, mich an die Großstadt zu gewöhnen. Es dauerte jedoch nicht lange, bis ich mich eingelebt hatte und lernte, auf eigenen Füßen zu stehen. Ich genoß die vielen kulturellen Ereignisse in der Stadt, ich ging mit meinen Schulkameraden zu Tanzabenden oder zu anderen Treffen, die mich interessierten.

Das Korkis-Gymnasium war für sein hohes Niveau bekannt. Da der Unterricht von 8 bis 16 Uhr dauerte, mußten wir zu Hause manchmal bis in die Nacht hinein Hausarbeiten machen oder uns auf Prüfungen vorbereiten. Trotz allem liebte ich meine Schule und die Lehrer sehr.

Einer von ihnen, Chaim Rosen, der heute in Israel lebt, lud mich vor einigen Jahren zusammen mit anderen Ehemaligen unserer Schule ein. An diesem schönen und nostalgischen Abend erwähnte er unter anderem auch die Notenlisten, die zu Beginn jeden Monats veröffentlicht wurden, um den Lerneifer der Schüler anzuspornen.

In der Tat gab es neben dem allgemeinen Unterricht und der praktischen Ausbildung an unserer Schule auch eine Erziehung zu persönlichem Ehrgeiz und Leistungsbewußtsein. Am Monatsanfang liefen alle an das Brett, wo die Notenlisten hingen, und wollten sehen: Wer ist diesmal die Nummer eins? Wo bin ich? Bin ich der zwanzigste, der dreißigste, oder bin ich diesmal weiter vorn? Das hat unseren Willen geschärft, besser zu werden, und auch mir gelang es eine Zeit, an erster Stelle zu stehen.

Die besten Schüler durften an den Drehbänken stehen.

Links mit Familie Sammet. Lemberg 1938.

Die Werkstätten in unserer Schule waren wunderbar ausgerüstet, mit Maschinen und Werkzeugen für Tischler, Möbelbauer, Klempner, Schlosser und viele andere Gewerke. Auch bei der Wahl des Handwerks gab es eine Nummer eins: Die guten Schüler durften an den Drehbänken stehen. Ich war dabei und habe hier meine Ausbildung als Maschinentechniker gemacht. Später, während der Zeit der Verfolgung, bin ich auf einem Bild in der Fabrik des Herrn Semrad ebenfalls an einer Drehbank zu sehen. Ich hatte ein gutes technisches Verständnis, das mir auch später oft geholfen hat. Wenn ich etwas in die Hand genommen habe, verstand ich sofort, wie es funktionierte.

Unser Gymnasium war eng verbunden mit der Technischen Hochschule in Lemberg. Es bereitete auf die Hochschule vor, die etwa zehn bis fünfzehn Prozent jüdische Studenten aufnahm, und wer gut war, konnte nach dem Abitur ohne Prüfung direkt auf die Hochschule wechseln. Das war auch mein Ziel. Ich wollte Maschinenbauingenieur werden und interessierte mich besonders für die Entwicklung von Werkzeugmaschinen. Die Welt schien mir offenzustehen.

Und doch war das Leben der Juden in Polen, gerade auch in Lemberg, nicht rosig. Die polnische Verfassung hatte den jüdischen Bürgern zwar die Gleichberechtigung garantiert, aber der Antisemitismus war unter Polen und Ukrainern weit verbreitet. In den Universitäten bestand ein Numerus clausus, und die Studenten provozierten und demütigten uns oft, vor allem auf dem Heimweg von der Schule. An Wochenenden fanden in der Akademicka Allee oft Demonstrationen der polnischen »Endeken«, einer radikalen antisemitischen Bewegung, statt. Sie trugen Plakate mit der Aufschrift »Precz Żydami!«, »Juden raus!«, und das schlimmste Schimpfwort, das die polnische und ukrainische Bevölkerung für uns bereithielt, hörten wir oft: »Żyd Parszywy!«, »Aussätziger Jude!« Immer wieder wurden auch jüdische Geschäftsleute mit Neid und Schmäh bedacht. Man nahm das als Ansporn, sich nicht zu unterwerfen. Trotz aller Schwierigkeiten pflegten die Juden in Lemberg ihre Traditionen. Die jiddische Sprache war weit verbreitet.

Zwei Jahre vergingen, in denen ich als sorgloser Schüler, der ein reichliches Taschengeld erhielt und dessen Anzüge maßgeschneidert waren, mich ganz dem Studium widmen konnte. Diese unbeschwerte Zeit, an die ich gern zurückdenke, endete im Sommer des Jahres 1939 mit dem Ausbruch des Zweiten Weltkriegs. Ich setzte zwar meine Ausbildung fort, doch die Stimmung in der Stadt veränderte sich rasch. Bald sollten mich die Ereignisse einholen, die die Geschichte der Welt so beeinflußt haben.

Der Krieg

Unter sowjetischer Besatzung

Am 1. September 1939, als ich während der Schulferien in Jagielnica war, hörten wir im Warschauer Rundfunk die Nachricht vom Beginn des Krieges. Es hieß, die Deutsche Wehrmacht sei von Westen her in Polen eingefallen, und die polnische Armee kämpfe mutig, um die Eindringlinge zurückzuschlagen.

Wenige Tage später wurden wir Zeugen, wie Fahrzeuge der polnischen Regierung in großer Zahl durch unsere Stadt Richtung Zaleszczyki fuhren, das in der Nähe der rumänischen Grenze lag. Es waren, wie wir in den nächsten Tagen hörten, hohe Regierungsbeamte, die sich vor den Nationalsozialisten in Sicherheit bringen wollten. Die rumänischen Behörden gestatteten ihnen den Grenzübertritt.

Die Deutsche Wehrmacht drang weiter in Richtung Warschau vor, und es verbreitete sich das Gerücht, auch die Rote Armee sei von Osten in Polen einmarschiert. Das betraf uns unmittelbar; die Grenze zur Sowjetunion war etwa fünfzig Kilometer entfernt.

Nachbarn, die zu uns kamen, um die Nachrichten im Rundfunk zu hören – viele besaßen damals noch kein Radio – erinnerten sich an die Invasion der Russen im Ersten Weltkrieg, an die Zerstörungen, die die Soldaten der zaristischen Armee angerichtet hatten, an die Massentötungen in der Zivilbevölkerung, und überlegten, ob sie ebenfalls nach Rumänien fliehen sollten.

Meine Mutter gab mir einen kleinen Rucksack mit Proviant und etwas Wäsche und wies mich an, nicht aus dem Haus zu gehen und mich bereitzuhalten. Kaum hatte sie mir den Rucksack gegeben, entstand eine Panik auf den Straßen. Eine sowjetische Panzerkolonne fuhr durch die Hauptstraße von Jagielnica nach Süden.

Einige Truppeneinheiten hielten an, um nach polnischen Soldaten zu fahnden und sie festzunehmen.

Die russischen Männer waren freundlich und unterhielten sich mit jedem, der in ihre Nähe kam. In Russisch versuchten sie, uns zu erklären, daß sie nur »gute Absichten« hätten. Bald aber sollte die Wahrheit ans Licht kommen: Das nationalsozialistische Deutschland und die Sowjetunion, Hitler und Stalin hatten, wie es schon mehrfach in der Geschichte Polens vorgekommen war, ohne Beteiligung der polnischen Regierung ein »Abkommen« über die Teilung des Landes getroffen. Westpolen wurde zum Teil des »Deutschen Reichs« und Ostpolen zum »russischen Interessengebiet« erklärt. Adolf Hitler, der mit dem Überfall auf Polen den offenen Krieg gegen die europäischen Nachbarstaaten begann, hatte mit diesem Abkommen die Sowjetunion zunächst auf seine Seite ziehen können. Unsere Gegend »gehörte« schon im Herbst 1941 zur »Ukrainischen Sowjetrepublik«. Von zwei Seiten war die polnische Bevölkerung nun der Willkür der Besatzer ausgeliefert.

In den ersten Tagen der sowjetischen Okkupation verhaftete die sowjetische Geheimpolizei, der NKWD (Narodnys Komisariat Wnutrinich Dtel, »Volkskommissariat für innere Angelegenheiten«), überall in der Gegend »Feinde des Volkes«: Mitglieder der polnischen Führungsschicht vor allem, Offiziere, Richter, Bürgermeister, Polizisten, aber auch reiche Leute, unter denen zahlreiche Juden waren. Als »Feinde des Volkes« galten zudem nationalistisch gesinnte Menschen wie die Ukrainer, die sowohl Polen als auch der Sowjetunion ablehnend gegenüberstanden und einen eigenen Nationalstaat gründen wollten. Zionistenführer und Leiter zionistischer Jugendorganisationen wurden festgenommen, weil sie über einen jüdischen Staat in Palästina nachdachten. Die Verhafteten wurden meist nach Sibirien verbannt. In einzelnen Fällen, wenn es sich um Mitglieder der polnischen Geheimpolizei oder um Spitzel handelte, verschwanden sie einfach, und niemand wußte, ob sie noch lebten.

Wir hatten große Angst. Wenn ein Denunziant aus persönlichen Gründen einen ehrwürdigen Bürger anzeigte, reichte das den Besatzern aus, ihn ohne Angabe von Gründen zu verhaften und nach Osten abzuschieben. Zahllose Menschen wurden auf diese Weise verschleppt. Viele sind nach Kriegsende zurückgekommen, viele blieben aber auch vermißt.

Die Sowjets – für uns bleiben sie die »Rosjanie«, die Russen – förderten die lokale Industrie und versuchten, sie unter ihre Kontrolle zu bringen. Die Tabakfabrik in Jagielnica war für sie ein lebenswichtiges Unternehmen. Mein Vater konnte, nachdem die Produktion wegen der Kriegswirren zunächst stillgestanden hatte, wieder an seinen Posten zurückkehren.

Die Soldaten verhielten sich oft primitiv und gierig. Eine Armbanduhr zum Beispiel war für sie ein großer Schatz. Es geschah immer wieder, daß sie Passanten mit Gewalt Uhren und Fingerringe abstreiften und alle Wertsachen, die ihnen in die Hände fielen, an sich nahmen.

Wir haben gleich verstanden: Die russischen Männer sollten uns »befreien« und von den Segnungen des Kommunismus überzeugen. Schon in den ersten Tagen in Polen erlebten sie jedoch eine Überraschung: Sie waren in ein Land gekommen, in dem es, anders als in der Sowjetunion, fast alles gab, doch sie durften es nicht zugeben. Die sowjetischen Militärs waren besorgt, denn ihre Soldaten sahen nun die Wirklichkeit und begannen vielleicht nachzudenken. Die Einheiten wurden daher oft gewechselt; sie sollten mit der polnischen Bevölkerung möglichst wenig Kontakt haben.

Wenn uns Soldaten auf der Straße ansprachen, haben wir natürlich gefragt: »Wie ist es in Rußland?« »Bei uns ist alles vorhanden«, sagten sie dann. »Und bekommt man Orangen?« fragte ich einmal. »O, u nas mnogo takich zawodow«, hieß es da, »Wir haben viele Fabriken, die Orangen produzieren.« Ähnliche Antworten bekamen wir immer wieder zu hören. Die Russen hatten von vielen Dingen des kleinen, alltäglichen Komforts offensichtlich überhaupt keine Ahnung. Sie wußten oft nicht, wovon sie sprachen. Viele Witze und Geschichten wurden über ihr Benehmen erzählt, und es dauerte lange, bis sie etwas Anstand gelernt hatten. Doch wir mußten uns an sie gewöhnen, denn wir hatten keine Wahl. Hätten wir wählen können, so hätten wir die »primitiven Russen« den »kultivierten Deutschen« vorgezogen. Für uns Juden war klar, daß wir von deutscher Seite Schlimmeres zu befürchten hatten. Aus den nazibesetzten Gebieten Polens, die in der Sprache der Eindringlinge jetzt »Warthegau« oder »Generalgouvernement« hießen, hörten wir von einer brutalen Vertreibungspolitik der Deutschen gegenüber der polnischen, vor allem aber auch der jüdischen Bevölkerung. Sadistische Handlungen gegen die Zivilbevölkerung wurden aus Dörfern und Städten bekannt, und es war in einzelnen Fällen auch zu Massakern gekommen. Vergleichbares hatten wir über die russischen Soldaten bisher nicht gehört.

Ich verließ Jagielnica am Ende der Schulferien und fuhr wieder nach Lemberg. Das war nicht mehr die Stadt, die ich kannte. In kurzer Zeit hatte sich die Atmosphäre völlig verändert. Die Straßen, in denen es zuvor von Menschen gewimmelt hatte, waren jetzt gespenstisch leer. Die Zukunft schien nebelhaft und unsicher. Obwohl es in diesem Teil Polens keine militärischen Kämpfe gab und wir unter der sowjetischen Besatzung sozusagen »in Frieden« lebten, lag eine bedrückende Stille über der Stadt.

Auch in Lemberg herrschte nun der NKWD. Das totalitäre Regime machte sich überall im Alltag bemerkbar. Niemand traute sich mehr, vor Fremden offen über die Lage zu sprechen.

Die Besatzer begannen, eine eigene Verwaltung aufzubauen. Wichtige und weniger wichtige öffentliche Ämter wurden von Russen besetzt, ungeachtet ihrer Bildung, ihrer Fähigkeiten und Voraussetzungen für die Posten, die sie bekamen.

Nachdem die Schulen einen Monat lang geschlossen waren, öffnete auch das Korkis-Gymnasium wieder seine Türen. Die Besatzungsbehörden, die natürlich mit den polnischen Erziehungsämtern zusammenarbeiteten, versuchten am Anfang, die russische Sprache als Unterrichtssprache einzuführen. Als dieser Versuch scheiterte, wurde Russisch Pflichtfach, das wir dreimal in der Woche belegen mußten. In den anderen Fächern ging der Unterricht wie früher weiter, und auch unsere Lehrer waren, bis auf wenige, alle wieder da.

Jede Schule bekam einen Politischen Kommissar, einen »Politruk«, der als Repräsentant der kommunistischen Partei alle Vollmachten besaß und noch über dem Schuldirektor stand. Er hatte das Sagen; was ihm nicht gefiel, durfte nicht gemacht werden. Er gab uns Unterricht über das politische System der Sowjetrepubliken, über Verfassung und Gesetze. Das Zynische war, daß wir von ihm »lernten«, wie frei die Menschen dort lebten, daß jeder tun und sagen könne, was er wolle – und das in einer Zeit, in der wir vom NKWD massiv unterdrückt wurden.

In Lemberg lebten viele jüdische Flüchtlinge, die aus Westpolen gekommen und vor den deutschen Besatzern geflohen waren. Zum Teil versuchten sie, in ihre früheren Wohnorte zurückzukehren, ohne sich der Gefahr bewußt zu sein, die ihnen dort drohte. Eines Tages wurde im Rundfunk und auf Plakaten, die in den Straßen angeklebt waren, bekanntgemacht, daß eine deutsche Delegation in Lemberg eingetroffen sei, um Anträge für die Rückkehr nach Westpolen, ins deutsche Besatzungsgebiet, zu genehmigen.

Viele Flüchtlinge, die ihre Häuser und Wohnungen in Westpolen – in Warschau, Krakau und an vielen anderen Orten – zurückgelassen hatten, waren von den Lebensbedingungen unter dem kommunistischen Regime enttäuscht. Sie liefen jetzt scharenweise in das Büro der deutschen Delegation und unterzeichneten Anträge für ihre Rückkehr. Nach Ende dieses »Unternehmens« übergaben die Deutschen die Antragsformulare dem NKWD, der in einer Nacht alle Juden, die unterschrieben hatten, den angegebenen Adressen nach aufgriff. Unter bewaffneter »Begleitung« mußten sie zum Güterbahnhof marschieren, wurden dort in Güterwagen gestoßen und nach Sibirien abgeschoben.

Solche Fälle einer »deutsch-sowjetischen Zusammenarbeit« sind, so denke ich, nur der Täuschung wegen organisiert worden. Man wollte die Menschen glauben machen, sie hätten nichts zu befürchten, während die Vernichtung der Juden und der slawischen Völker von Deutschland aus systematisch vorbereitet wurde.

Die Erfahrung mit den »Rückkehrlisten« und ähnlich schockierende Erlebnisse brachten unter vielen Juden eine depressive Stimmung auf. Selbst Jugendliche und Studenten mußten befürchten, daß jedes Klopfen an der Haustür einen Besuch des NKWD und eine »Einladung« zu einer »Unterhaltung« bedeuten konnte, deren Ausgang völlig ungewiß war.

Zu Beginn des Winters 1939, einige Monate nach dem Einmarsch der Roten Armee, spürten wir, daß lebensnotwendige Güter in der Stadt knapp wurden. Doch es war gefährlich, das auszusprechen. Wenn man gesagt hätte, schau, die Geschäfte sind leer, wir können gar nichts kaufen, es gibt keine Schuhe und keine Hemden mehr – so mußte man auf der Hut sein, daß niemand zuhörte und einen verriet. Selbst Lebensmittel, für die Karten ausgegeben worden waren, wurden nicht mehr verteilt.

Am schlimmsten litten wir unter dem harten Winter 1939/40: Temperaturen bis zu 35 Grad Minus waren selbst für Polen außergewöhnlich. Ich erinnere mich, wie ich eines Tages im Internat, in dem ich jetzt wohnte, mit einem Schulkameraden »Dienst« hatte. Wir sollten die Milchration, die uns zugeteilt worden war, von einer Molkerei abholen und mußten eine halbe Stunde mit der großen Milchkanne zurücklaufen. Als wir endlich in der Schule ankamen, war die Milch halb gefroren. Wir konnten sie nicht aufwärmen, denn es gab an manchen Tagen weder Kohle noch Holz zum Heizen, und auch die Wasserleitungen waren eingefroren. Wir legten uns abends mit drei Schichten Kleidern übereinander schlafen und deckten auch das Gesicht zu, damit der Mund und die Nase nicht erfroren.

Es mangelte nicht nur an elementaren Lebensmitteln und Bedarfsgegenständen. Uns empörte vor allem der Versuch, uns »umzuerziehen«, uns kommunistisch zu indoktrinieren und die Vergangenheit auszulöschen. Die stalinistische Argumentation, daß Ostpolen »auf Wunsch der Bevölkerung« von der Sowjetunion annektiert worden sei, akzeptierte niemand.

Die Situation war bedrückend. Daß immer noch Leute, darunter auch Bekannte, verhaftet wurden oder verschwanden, löste ein

Niemand sprach mehr offen. 1940.

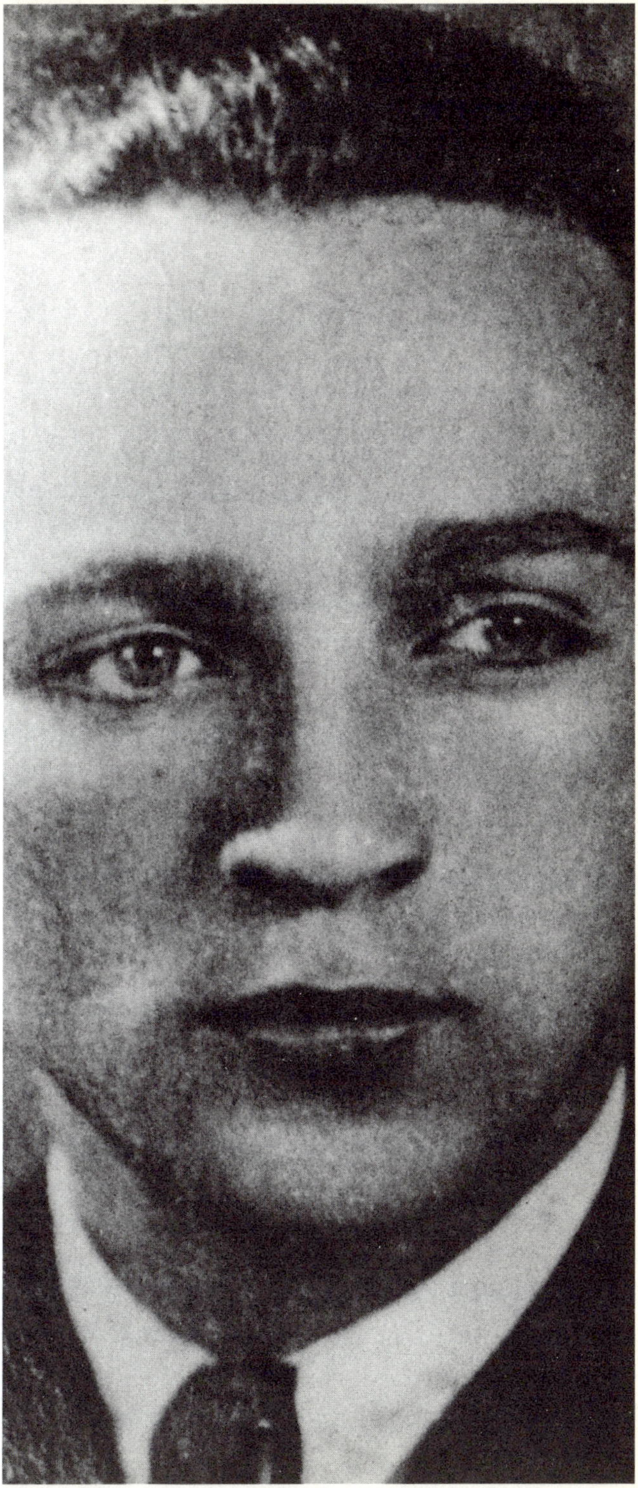

Gefühl des »sie« und »wir« aus. Auch die Ukrainer waren im Alltag von der neuen Politik hart betroffen; wenn man ihnen eine nationalistische Gesinnung oder gar Untergrundarbeit vorwerfen konnte, drohte ihnen sofort der »Transfer« nach Sibirien.

Niemand sprach mehr offen. Trotzdem versuchten wir, die tägliche Routine unseres Lebens und unseres Studiums fortzusetzen und sie auch etwas aufzuheitern; so gründeten wir zum Beispiel in der Schule ein Orchester. Da ich Geige spielen konnte, bekam ich ein Instrument, und wir gaben Konzerte in unserer und auch in anderen Schulen. Die Mädchen aus der Mädchenschule »Klaftynowa« luden uns manchmal zu Treffen und Feiern ein, oder wir bereiteten gemeinsam eine Aufführung vor. Das größte Vergnügen aber war für uns der Tanz. Wir konnten zwar alle schon ein bißchen tanzen, aber unsere Geschicklichkeit ließ noch zu wünschen übrig.

Das Jahr 1941 war für mich das letzte Schuljahr, und Anfang Juni steckte ich tief in den Vorbereitungen für das Abitur. Die Prüfungen dauerten zwei oder drei Tage. Am ersten Tag war ich vor lauter Aufregung schon um sieben statt um acht Uhr in der Schule. Aber alles endete gut, ich bestand die Prüfung in zwei Tagen und bekam gute Noten. Am dritten Tag ging ich noch einmal zur Schule, um den Mitschülern beizustehen, die die Prüfung noch vor sich hatten.

Einige Tage nach dem Abitur rief mich der leitende Ingenieur der Schule, Herr Horowitz, in sein Büro und schlug mir vor, in meinen Schulferien in Lemberg zu bleiben und einer Gruppe von Klassenkameraden Nachhilfeunterricht zu geben, die beim Abitur durchgefallen waren. Sie hatten die Möglichkeit, die Prüfung nach den Ferien zu wiederholen.

Seine Bitte überraschte mich, und ich nahm die Herausforderung an. Bei unserer Unterhaltung deutete Herr Horowitz auch an, daß der Schuldirektor mir vorschlagen wolle, mich im kommenden Schuljahr dem Lehrerkollegium anzuschließen – eine außergewöhnliche Anerkennung, die mich stolz machte.

Mit einigen meiner Klassenkameraden verband mich eine wahre, tiefe Freundschaft. Wir hatten uns immer alles sagen können,

Konzerte gegen die Furcht. Schulorchester in Lemberg, Mai 1941.

doch in diesem Moment glaubte ich eine gewisse Mißgunst zu spüren. Vielleicht war mein Gefühl falsch, aber mir war es ihnen gegenüber unangenehm, hervorgehoben zu werden.

Ich nahm Abschied von den Schulkameraden, die in die Ferien fuhren, und begann, mit denjenigen zu lernen, die die Abiturprüfung wiederholen mußten.

Zwischen den Fronten

Deutsche, Russen und Ukrainer

An einem schönen Sommertag, dem 22. Juni 1941, begann Hitler-Deutschland trotz des bestehenden Grenz- und Freundschaftsvertrages den Krieg gegen die Sowjetunion. Das schnelle Vorwärtskommen der Wehrmacht ließ keinen Zweifel an der deutschen Überlegenheit. Die Rote Armee begann, sich in Panik zurückzuziehen. Schon am ersten Tag des Krieges wurde Lemberg aus der Luft bombardiert, und es herrschte große Angst. Am nächsten Morgen kamen die deutschen Flugzeuge wieder, und in einem konzentrierten Luftangriff zerstörten sie den Hauptbahnhof.

Ich traf mich mit vier Freunden aus der Klasse, die wie ich aus der Provinz kamen und zu Ferienbeginn noch ein wenig in Lemberg geblieben waren. Wir überlegten, was wir tun sollten. Natürlich wollten wir zu unseren Familien. Wir sahen, daß viele Russen Lemberg verließen – sie liefen aus der Stadt! – und beschlossen nach längerer Beratung, uns der Roten Armee anzuschließen. Wir wollten mit ihnen zusammen nach Osten gehen, denn wir wußten nicht, ob uns überhaupt noch erlaubt war und ob es uns gelingen würde, allein aus der Stadt zu kommen. Es war ja sofort Krieg. Wir fürchteten eine Ausgangssperre, neue Verordnungen, und hatten kein Fahrzeug, keine Bahnkarte, nichts.

Ohne Zeit zu verlieren, gingen wir am 25. Juni zum »Wojenkomat«, zur Rekrutierungsstelle der Roten Armee, und baten, uns aufzunehmen. Die Offiziere wußten nicht, was sie mit uns anfangen sollten; sie prüften unsere Ausweise und teilten uns dann mit, wir seien mit unseren gerade achtzehn Jahren zu jung für den Militärdienst. Ich glaube aber, sie lehnten uns ab, weil sie selbst nicht wußten, ob sie bleiben oder fliehen sollten, und in größter Anspannung dasaßen. Wir waren enttäuscht und versuchten, eine andere Lösung zu finden.

Es schien uns auf jeden Fall besser, nicht im deutschen Besatzungsgebiet zu bleiben, obwohl sich noch niemand vorstellen konnte, was uns von den Deutschen drohte. Es gab aber viele Gerüchte darüber, und jeder wußte etwas anderes zu berichten. Wir fünf beschlossen daher, Lemberg auf eigene Faust zu verlassen. Die Straße über Zloczow und Tarnopol nach Südosten führte an meiner Heimatstadt Jagielnica vorbei, und ich hoffte, meine Eltern wiederzusehen. Wir hatten zwar regelmäßigen Briefkontakt, aber ich machte mir jetzt große Sorgen um sie.

Wir verließen Lemberg am 26. Juni 1941. Unser erstes Ziel war die siebzig Kilometer entfernte Stadt Zloczow, in der auch mein Onkel Hermann, ein Bruder meines Vaters, wohnte. Schon nach zehn Kilometern stellte sich heraus, daß wir genau jene Straße gewählt hatten, die den Russen als Rückzugsweg diente. Wir gerieten in ein großes Chaos unter den vielen Menschen, die nach Osten drängten. Tausende von Soldaten, Panzer und Militärfahrzeuge nahmen die Straße ein, während wir und zahllose andere Zivilisten am Straßenrand und in den Feldern nebenher liefen. Bis heute ist mir der übereilte Rückzug der Roten Armee ein Rätsel. Hatte sie wirklich nicht die Möglichkeit gehabt, die deutschen Truppen wenigstens für einige Tage aufzuhalten, bis die Menschen die Flucht organisieren konnten?

Wir sahen russische Frauen, die mitten in der Nacht ihr Heim verließen, um mit einem Militärlastwagen zu fliehen. Man hatte das Gefühl, daß alle nur versuchten, die eigene Haut zu retten. Soldaten erzählten uns später, ihre Offiziere seien als erste weggelaufen und hätten die Mannschaften im Stich gelassen. Wenn es stimmte, daß die Kommandeure den Kampf von vornherein aufgegeben hatten, dann war es kein Wunder, daß die Deutschen in so kurzer Zeit tief nach Sowjetrußland vordringen konnten.

Wir gingen einige Tage mit den Trecks der russischen Soldaten. Das schlimmste waren die Bombardements. Am frühen Morgen des zweiten Tages kamen deutsche Flugzeuge, eine Welle nach der anderen. Immer wieder, ohne daß eine Luftabwehr der Russen erkennbar gewesen wäre, warfen sie im Tiefflug Bomben ab und eröffneten danach das Maschinengewehrfeuer. Die Deutschen versuchten, und es gelang ihnen auch, Angst und Panik unter den nach Osten fliehenden Kolonnen hervorzurufen. Lastwagen und Panzer, die getroffen wurden, blockierten stundenlang die Straßen. Unter diesen Bedingungen war ein Vorwärtskommen fast unmöglich. Alle halbe Stunde mußten wir von der Straße ab, um in den Getreidefeldern Deckung zu suchen.

Es herrschte große Hitze, und wir hatten weder Wasser noch Proviant dabei, aber die Soldaten gaben uns etwas von ihren Rationen ab. Am dritten Tag unseres Marsches näherten wir uns Zloczow, das zu einem Sammelpunkt und Durchgangslager der sowjetischen Einheiten geworden war. Am Ende unserer Kräfte und mit dicken Blasen an den Füßen machten wir Jungen in einem Dorf halt, das etwa fünf Kilometer vor der Stadt lag. Es war schon dunkel geworden, aber wir wollten trotz unserer Müdigkeit um jeden Preis Zloczow erreichen, denn wir hatten Angst vor Ukrainern, die sich in diesen Tagen auf die Seite der Deutschen geschlagen hatten. Wir liefen also weiter, bis wir endlich am Stadtrand von Zloczow ankamen.

Dort war die Straße mit einer Schranke gesperrt, die von zwei russischen Soldaten bewacht war. Sie hatten uns von weitem gesehen und befahlen uns anzuhalten. Einer kam, das Gewehr im Anschlag, auf uns zu und verlangte unsere Ausweise. Er ging wieder fort und verschwand in einem Haus am Straßenrand. Wir hatten Studentenausweise und hofften, sie könnten uns nützlich sein. Nach einigen Minuten erschien ein Offizier und sagte: »Obwohl wir den Befehl haben zu schießen, lassen wir euch laufen, da ihr Studenten seid. Geht aber sofort zurück in das Dorf, aus dem ihr gekommen seid!« Er fügte hinzu, daß deutsche Fallschirmspringer sich in der Gegend versteckt hielten, und daß wir vorsichtig sein sollten.

Unser Bitten und Flehen half nichts. Sie ließen uns nicht durch. Wir krochen buchstäblich auf allen Vieren die fünf Kilometer in das Dorf zurück. Ich dachte in diesen Stunden, daß es besser wäre, im Stehen zu sterben als auf Knien zu leben. Selten habe ich später eine solche Machtlosigkeit gespürt wie in dieser Nacht.

Ich weiß nicht, wie es uns gelang, das Dorf zu erreichen. Am Dorfrand fanden wir eine Scheune, fielen wie Holzklötze auf das Stroh und schliefen ein.

Russische Soldaten weckten uns am frühen Morgen. Sie suchten nach Ukrainern der »Bandera-Banden«, die in der Nacht viele ihrer Kameraden ermordet hatten. Wir hörten, daß die nationalistischen Gefolgsleute des Ukrainers Stefan Bandera in diesen Tagen im Hinterhalt auf russische Soldaten lauerten und die deutsche Luftwaffe von verborgenen Funkstationen aus über die Bewegung der sowjetischen Kolonnen informierten. Daß die ukrainischen Mörder uns nicht entdeckt hatten, war ein großes Glück, denn Mißhandlungen und Morde an Juden waren für sie immer ein besonderes Vergnügen gewesen.

Wir brachen schnell nach Zloczow auf. Diesmal fielen uns die fünf Kilometer verhältnismäßig leicht, und man ließ uns in die Stadt hinein. Dort erfuhren wir, daß die deutsche Armee dabei war, Zloczow in einer Zangenbewegung einzuschließen, und daß es keine Möglichkeit mehr gab, nach Osten weiterzukommen.

Wir Freunde beschlossen, uns zu trennen. Jeder sollte seine Bekannten oder Verwandten aufsuchen, um einen vorübergehenden Unterschlupf zu finden. Mein Onkel, den ich schon vor einigen Jahren auf dem Weg nach Lemberg besucht hatte, würde mich bestimmt aufnehmen. Ich fand sein Haus, und mein Eintreffen war eine große Überraschung für die Familie, die mich herzlich empfing. Ich bekam ein üppiges Essen, eine warme Dusche, und anschließend legte ich mich schlafen.

Zloczow war voller russischer Soldaten, die vergebens versuchten, den deutschen Ring zu durchbrechen. Die deutsche Luftwaffe begann am nächsten Tag, die Truppen der Roten Armee aus der Luft

Wir waren alle aus der Provinz.

Links mit Markus, Imber, Katz, Chalfen. Lemberg 1940.

anzugreifen. Bomben und Maschinengewehrsalven überzogen die Stadt. Das Haus meines Onkels stand unweit von einem öffentlichen Park, in dem sowjetische Einheiten sich mit ihren Waffen und Militärfahrzeugen gesammelt hatten. Wir gingen in den Keller in der Hoffnung, dort sicher zu sein. Es war reine Illusion. Rings um das Haus fielen Bomben nieder, und ihr Pfeifen hörte sich an, als ob sie direkt auf unser Haus und unsere Köpfe zielten. Stundenlang saßen wir im Keller: mein Onkel, meine Tante, deren eineinhalbjährige Tochter und Dora, die Tochter der Nachbarn, die in meinem Alter war und mit der ich mich anfreundete.

In der Nacht kamen die deutschen Flieger wieder und schossen verschiedene Plätze der Stadt in Brand. Die Flammen erleuchteten Straßen und Gebäude und ermöglichten so, die Truppenansammlungen zu erkennen und zu bombardieren.

Als diese fürchterliche Nacht zuende war, ging ich auf die Straße. Nach allem, was ich sah, war es mir unverständlich, daß wir noch am Leben waren. Um das Haus herum hatten die Bomben tiefe Krater gerissen. In der Nachbarschaft waren zahllose Häuser zerstört. Das Grausamste aber waren die Leichen der sowjetischen Soldaten in den Straßen, in den ausgebrannten Panzern und Lastwagen. Unser Haus war wie durch ein Wunder nur wenig beschädigt. Die Fensterscheiben lagen zerbrochen auf dem Fußboden, und einige Türen waren mit den Türrahmen ins Zimmer gefallen. Im Laufe des Krieges habe ich noch öfter Bombenangriffe erlebt, doch sie waren nicht mit dem zu vergleichen, was sich hier abgespielt hatte.

Wir fragten uns, was jetzt passieren würde. Die Angst vor dem Ungewissen war groß. Die Deutschen ließen uns nicht viel Zeit für Vermutungen. Am Morgen nach dem Bombardement erschien eine Patrouille der Deutschen Wehrmacht in Zloczow. Ich habe an der Straße gestanden und geschaut, als sie kamen, auf Motorrädern mit Beiwagen, immer zu dritt. Zwei saßen oben und hatten Gewehre, der dritte saß im Beiwagen mit einem Maschinengewehr. Ich habe mich gewundert, warum sie mit Motorrädern kamen. Da erklärte man mir, daß Motorräder in dieser Situation die besten »Waffen« seien, schnell, beweglich und auch im Feld einsetzbar.

Am nächsten Tag zogen deutsche Truppeneinheiten durch die Hauptstraße von Zloczow und weiter nach Osten. In ihrem Gefolge marschierte ein Kommando der sogenannten »Einsatzgruppe C« in die Stadt. Die schon vor dem Angriff auf die Sowjetunion gebildeten »Einsatzgruppen« A, B, C und D sollten unter Führung hoher Offiziere der SS (»Sturmstaffel«) die politischen Ziele der Nationalsozialisten in den eroberten Gebieten durchsetzen. Dazu gehörte neben der »Liquidierung«, der Hinrichtung kommunistischer Funktionäre und »radikaler Elemente« auch die Vernichtung der jüdischen Bevölkerung.

In den »Einsatzgruppen« und ihren zahlreichen »Sonderkommandos« versammelten sich »ausgewählte« Angehörige der nationalsozialistischen SS und Polizei, aber auch eine große Zahl einheimischer Freiwilliger. Der »Einsatzgruppe C« gelang es vor allem mit Hilfe ukrainischer Milizen und Hilfspolizei, ihre Mordpläne in die Tat umzusetzen.

Um die begeisterte Kollaboration der Ukrainer mit den Deutschen und ihr Verhalten den Juden gegenüber zu erklären, möchte ich einen Blick in die Geschichte der ukrainischen Minderheit in Ostpolen, im Gebiet von Galizien, werfen. Die Ukrainer hatten schon seit Ende des Ersten Weltkriegs die Forderung nach nationaler Selbstbestimmung erhoben. Die polnische Regierung hatte diesen Nationalismus stark bekämpft und versucht, den Einfluß der Ukrainer in allen gesellschaftlichen Bereichen zurückzudrängen. Auch die sowjetischen Besatzer gingen hart gegen sie vor.

Von den Deutschen hatten sich die Ukrainer eine Unterstützung ihrer Autonomiebestrebungen erhofft. Als es im September 1939 zum Abschluß des deutsch-sowjetischen Teilungsabkommens gekommen war und die Ukrainer sich unter sowjetischer Herrschaft wiederfanden, war die Enttäuschung groß. Jetzt aber, im Juli 1941, erwachten ihre Hoffnungen neu, und die ukrainische Bevölkerung empfing die Nationalsozialisten mit Blumen und den ukrainischen Nationalfarben. Diese Begeisterung ging einher mit Wutausbrüchen und Pogromen gegen die jüdische Bevölkerung, die zwar ebenfalls eine Minderheit in Polen war, aber vom polnischen Staat nicht als »feindliche Minderheit« behandelt wurde. Juden hatten daher im allgemeinen einen weitaus besseren Status als die Ukrainer. Mord, Raub und Plünderung in den ersten Tagen nach dem »Machtwechsel« waren Ausdruck eines Generationen alten Hasses gegen uns. Die Nazis setzten diesen Haß bewußt ein.

Beim überstürzten Rückzug der sowjetischen Truppen hatte der NKWD in einigen Städten die politischen Häftlinge in den Gefängnissen getötet, da die Zeit nicht mehr reichte, um sie ins Landesinnere der Sowjetunion abzuschieben. Polen, Juden, vor allem aber Ukrainer waren unter den Häftlingen. Sie wurden in den Gefängnissen oder in deren Nähe erschossen.

Auch in Zloczow gab es ein solches Massengrab in einer historischen Festung außerhalb der Stadt, die dem NKWD als zentrales politisches Gefängnis gedient hatte. Es war die Burg Zamek, die nach dem Abzug der Russen nun von Ukrainern aufgesucht wurde. Als diese hier die Toten fanden, war die spontane Reaktion, die Schuld den Juden zuzuschieben. Später hörten wir, die Ukrainer hätten die in Zloczow stationierte »Einsatzgruppe C« um Erlaubnis gebeten, gegen uns vorzugehen.

Am 3. Juli 1941 bekamen sie in Zloczow freie Hand. Die Nationalsozialisten nutzten sie als Erfüllungsgehilfen ihrer Vernichtungspolitik. In den folgenden drei Tagen wurden in und außerhalb der Stadt mehr als 3.000 Juden ermordet. Das größte Pogrom fand in der Festung Zamek statt. Ich habe es miterlebt.

Das Grab

Der Massenmord

Auf großen Plakaten, die ukrainische Hilfspolizisten überall in der Stadt anklebten – sie trugen am linken Ärmel jetzt ein gelbes Band –, wurden alle Juden aufgefordert, sich am nächsten Morgen um acht Uhr auf dem Rathausplatz einzufinden. Die Plakate enthielten eine fett gedruckte Warnung: »Verweigerung wird mit Erschießen bestraft«.

Man kann sich das Erschrecken der jüdischen Menschen vorstellen. Sie waren Schikanen und Drohungen aller möglichen Art gewohnt. Öffentliche Morddrohungen aber waren neu. Man hat nicht glauben können, daß dies ernst gemeint war. Die meisten waren dafür, sich zu stellen. Es gab aber auch Stimmen, die eine Falle befürchteten. Niemand konnte sich vorstellen, was da geplant war.

Sollten wir dem »Befehl« folgen oder ihn ignorieren? Mein Onkel und ich berieten uns. Es war schwer, die Folgen abzuwägen. Wir beschlossen, uns nicht zu melden.

Am nächsten Morgen um neun Uhr saßen wir beim Frühstück, und mein Onkel ging durch die Hintertür in den Garten, um ein paar Gurken zu pflücken. Im selben Augenblick kamen ein deutscher SS-Mann und ein Ukrainer in das Haus und herrschten uns an: »Ihr seid Juden, nicht wahr? Also kommt mit!«

Meine Tante mit ihrer kleinen Tochter auf dem Arm und ich zogen noch schnell eine Jacke an. Draußen standen schon einige Nachbarn, auch Dora; sie wurden von einem dritten Mann, einem ukrainischen Hilfspolizisten, bewacht. Den Onkel, der vom Garten aus alles gehört hatte, bemerkten sie nicht. Er konnte sich später im Keller verstecken.

Wir gingen los, und nach etwa zehn Minuten sagte meine Tante: »Mir scheint, daß wir zum Gefängnis gehen. Ich glaube, man bringt uns dahin.« Sie hatte recht. Von weitem sahen wir die alte Festung Zamek, die auf einem Berg stand. Die Tante wußte, daß dort ein politisches Gefängnis war.

Als wir uns dem Schloß näherten, sahen wir eine lange Schlange von Juden, die vor uns angekommen waren. Meine Tante und ich stellten uns hinten an. Bald hatte ich die zweifelhafte Ehre, zum ersten Mal Männer in SS-Uniform zu sehen, die am Toreingang standen und auf die Vorübergehenden mit Knüppeln einschlugen. Sie schlugen hauptsächlich auf den Kopf, und die armen Opfer mußten sich erst das Blut abwischen, bevor sie weitergehen durften. Die Leute, die vor mir standen und die Schläge erhielten, bückten sich in der Hoffnung, ihren Kopf zu schützen, ohne Erfolg.

Jetzt kam ich an die Reihe. Ich näherte mich den Schlägern; obwohl ich Angst hatte, stand ich vor ihnen mit erhobenem Kopf. Sie sahen mich verwirrt an, dann brüllte einer: »Geh weiter!« Ich folgte den anderen und lief die Treppe zum Schloßhof hinauf, ohne Wunden davongetragen zu haben.

Als ich an der obersten Treppenstufe angelangt war, bot sich mir folgender Anblick: Zwei Flügel des Gefängnisgebäudes mit seinen vielen Fenstern bildeten einen rechten Winkel, und davor war, offenbar schon vor Wochen, eine riesige, viereckige Grube ausgehoben worden, die sich fast über den ganzen Gefängnishof erstreckte. Ein schmaler Rand lief rings herum. In der Grube lagen zahllose Leichen wie Sardinen in einer Büchse, und jüdische Männer, die in der Grube standen, mußten diese Leichen auf den Rand ziehen und von dort auf Pferdewagen laden, die an der Straße standen. Die Ukrainer fuhren damit dann zu einem Friedhof.

Auch ich bekam den Befehl, in die Grube zu springen und zusammen mit anderen, meist älteren Leidensgenossen die Leichen aus der Grube zu holen. Alle Toten hatten einen Kopfschuß. Wahrscheinlich hatten die Russen sie vor ihrem Rückzug einzeln erschossen und dann nebeneinandergelegt. Zeit, das Massengrab zuzuschütten, war ihnen nicht geblieben. Es war etwa zehn mal zehn Meter groß und anderthalb Meter tief. Je mehr Leichen wir heraushoben, desto tiefer standen wir.

Meine Tante, Dora und die anderen Frauen mußten an der rechten Hauswand stehen und diesen gräßlichen Anblick erdulden, aber sie wurden nicht gezwungen, bei der »Rettung der Ehre der Toten« mitzumachen. Ich ließ sie nicht aus den Augen, fürchtete mich aber, ihnen ein Zeichen zu geben, denn etwa zehn SS-Männer und ebenso viele ukrainische Freiwillige standen ringsherum.

Andere SS-Angehörige und Ukrainer zogen den ganzen Tag durch die Viertel, in denen Juden wohnten, und suchten von Haus zu Haus nach Personen, die sich nicht gestellt hatten. Sie ergriffen die Armen und führten sie unter Drohungen in die Festung. Es waren Menschen jeden Alters, darunter auch viele Kinder. Immer wieder liefen SS-Leute die Treppe hinunter und wieder hinauf, um die Ankommenden zu »empfangen« und sie in den Schloßhof und in die Grube zu treiben.

Es war ein heißer Tag, und unter dem scharfen Geruch der Leichen wurden viele ohnmächtig, aber unseren Wächtern machte das nichts aus. Die SS-Leute standen um die Grube herum, und von Zeit zu Zeit befahlen sie jemandem – sie hatten es besonders auf Männer mit Bärten und Schläfenlocken abgesehen – herauszukommen und sich vor ihnen auf die Knie zu werfen. Mit sadistischem Vergnügen schlugen sie dann auf ihr Opfer ein, bis es bewußtlos am Boden lag und sie es mit Fußtritten wieder in die Grube stießen. Manchmal versuchten Familienangehörige, den Armen zu helfen, aber dann traf sie dasselbe Schicksal oft noch schlimmer. Einige wurden aus der Grube herausgeholt und mit unvorstellbarer Brutalität zu Tode geprügelt. Die Mörder ließen die Verwundeten langsam, unter Schmerzen und Qualen, ihren Verletzungen erliegen. Das ging den ganzen Tag so. Ich war zutiefst erschüttert von Grausamkeiten, die ich später nie wieder gesehen habe.

Am Morgen hatte ich noch die Hoffnung gehabt, hier herauszukommen, aber angesichts dieser Greuel war mir klar, daß ihre Zeugen nicht lebend davonkommen würden. Meine Leidensgenossen, mit denen ich manchmal ein paar Worte wechseln konnte, waren merkwürdigerweise alle der Meinung, daß wir am Abend freigelassen würden. Inzwischen kamen immer noch Juden an, und es war schon kein Platz mehr für alle. Das Gedränge in der Grube war so groß, daß es schwierig wurde, die wenigen Leichen, die noch unten lagen, zu bergen. Außerdem waren sie schon so verwest, daß die Haut sich von den Knochen löste, wenn man versuchte, sie herauszuziehen. Die älteren Juden halfen mir, das zu ertragen, indem sie mir erklärten, das sei so nach vierzehn Tagen.

Bei der von uns verlangten »Arbeit« grübelte ich, warum ich ausgerechnet hier sterben sollte, als junger Bursche in einem Massengrab in Zloczow. Trotz aller Wahrscheinlichkeit, daß das mein Los sein würde, ging mir manchmal der Gedanke durch den Kopf, das Ganze könnte vielleicht doch anders enden. Obwohl alles darauf hindeutete, daß es keinen Ausweg aus dieser Falle gab, überlegte ich dauernd, wie ich fliehen könnte. Zwei Seiten der Grube grenzten an das Gefängnisgebäude, die dritte Seite lag am Eingangstor, an dem sich die SS-Leute versammelt hatten. Die vierte Seite, auf die ich meine Aufmerksamkeit lenkte, grenzte an einen kleinen Wald, der an einem steilen Abhang lag. Ich wußte nicht, wohin dieses Wäldchen führte, aber die einzige Fluchtmöglichkeit, die ich sah, war, aus der Grube zu springen, den Abhang hinunterzurollen und das Weite zu suchen.

Immer wieder ging mir dieser Gedanke durch den Kopf. Ich versuchte zu berechnen, wieviel Zeit ich haben würde, bevor mich die Wächter bemerken konnten und anfangen würden, auf mich zu schießen. Meine Schlußfolgerung war: die Zeit könnte reichen. Ich müßte mich am Rand der Grube halten, vorspielen, daß ich mit der Bergung von Leichen beschäftigt sei, und dann auf einen Moment warten, an dem die Aufmerksamkeit der SS auf eine andere Seite gelenkt war.

Es gelang mir, an den linken Rand der Grube zu kriechen. Ich folgte aufmerksam den Bewegungen der SS-Leute. Ich hatte aber das Gefühl, daß sie mich mit ihren Augen verfolgten, als ob sie meine Pläne durchschaut hätten. Der ersehnte Moment der Unaufmerksamkeit kam nicht. Ich machte meiner Tante und Dora, die auf der gegenüberliegenden Seite immer noch an der Gefängniswand stehen mußten, jetzt Zeichen mit der Hand, und sie antworteten mir.

Es war Abend geworden. Den Deutschen und den Ukrainern war anzumerken, daß sie etwas vorbereiteten. Ich sah, wie die SS an den beiden freien Seiten der Grube Stellung nahm. Die ukrainischen Freiwilligen hatten damals noch keine Waffen, aber die SS besaß Maschinengewehre, die sie jetzt auf Zweifüße stellte. Uns war klar, daß unser Ende gekommen war.

Eine unbändige Angst überfiel die Menschen. Sie wußten nicht, wie sie sich vor dem sicheren Tod retten sollten, und Panik brach aus. Die Schreie und Gebete der Hilflosen höre ich heute noch. Wir hatten das Gefühl völliger Machtlosigkeit, waren in eine Zange geraten, die sich jeden Moment schließen konnte. Ich wartete nur auf ein Zeichen, um dem Tod in die Augen zu sehen. Die Spannung war unerträglich. Wir wollten nur, daß alles vorüber sei. Plötzlich gab ein Deutscher den Befehl »Feuer!«, und die Schüsse knallten los, lange, ununterbrochene Salven.

Die Kugeln trafen die Menschen um mich herum, die noch vor wenigen Sekunden im Gebet standen. Außer den Schüssen konnte ich nur das jüdische Gebet der Sterbenden vernehmen, das von den Gefängnismauern zurückhallte: »Höre Israel, unser Gott ist ein einziger Gott.« Die Hölle hatte sich vor uns geöffnet.

Als das Schießen anfing, bückte ich mich instinktiv, und wie ein Taschenmesser klappte ich meinen Oberkörper nach unten. Ich erinnere mich nicht mehr, woran ich in diesen Sekunden dachte, wenn ich überhaupt dachte. Noch einmal hörte ich einen Befehl in deutscher Sprache, und das Feuer hielt an. Ich hob meinen Kopf und sah um mich herum Leichen, viele von Schüssen zerrissen, und Verwundete, die vor Schmerzen stöhnten und schrien.

Ich konnte hören, wie plötzlich jemand den Befehl gab, die Frauen am Rand der Grube freizulassen. Es war, wie sich später herausstellte, ein hoher Wehrmachtsoffizier, der zufällig in die Festung gekommen war und den Beginn des Massenmordes sah. Ich bin sicher, daß nur durch sein Einschreiten die meisten Frauen und kleinen Kinder gerettet wurden.

In diesem Moment schoß mir durch den Kopf, daß ich es vielleicht schaffen könnte, mit den Frauen den Ort zu verlassen. Es war vermutlich ein dummer Gedanke anzunehmen, daß die SS-Leute so unaufmerksam wären und mich weglaufen ließen. Ohne langes Überlegen kroch ich langsam auf die gegenüberliegende Seite der Grube, wo meine Tante und Dora standen. Ich gab ihnen, als ich ganz nahe war, zu verstehen, was ich vorhatte, doch meine Tante zeigte, daß sie meine Absicht zu gewagt fand. Dora dagegen ermutigte mich leise: »Es gibt keine andere Möglichkeit.« Ich nahm von meiner Tante ein Kopftuch, band es mir um und sah sie fragend an. Ihr zurückhaltender Blick sagte alles. Inzwischen hatte ich noch einmal zu den SS-Leuten hinübergesehen, die die Frauen am Ausgangstor kontrollierten, und hatte plötzlich das Gefühl, daß einer von ihnen mich beobachtete. Das machte mich unsicher. Ich legte das Kopftuch ab und kroch voller Angst schnell wieder auf die andere Seite der Grube zurück.

Als ich ungefähr an meinem vorherigen Platz angelangt war, merkte ich, daß ich auf dem Boden stehen konnte. Ich stand auf, fing aber langsam an, in den Boden einzusinken. Der Boden war durchtränkt vom Blut der Häftlinge, die vor zwei Wochen hier erschossen worden waren, und vom frischen Blut unserer ersten Opfer. Ich sah noch einmal zu den Frauen, die einzeln zwischen den SS-Leuten hindurchgehen mußten, bevor sie Zamek verlassen konnten. Jetzt hatte ich keinen Zweifel mehr, daß es mir nicht gelungen wäre, unbemerkt hinauszukommen.

Von weitem sah ich die Tante und Dora, die langsam vorwärts gingen, und war sicher, daß sie mir einen letzten Abschiedsblick zuwerfen würden. Ich hatte mich nicht geirrt, unsere Blicke trafen sich. Sie drückten aber keine Hoffnung mehr aus, es war ein Abschied für immer.

Wir schauten noch einmal zueinander hin, ich winkte mit der Hand, als wieder der Befehl »Feuer!« erschallte. Die Kugeln durchschnitten die Luft und schlugen auf die Lebenden und die Toten ein, Menschen schrien in Entsetzen. Als ich »Feuer!« hörte, hatte ich mich sofort wieder zusammengeklappt, den Kopf zwischen die Beine. Schon nach einigen Sekunden spürte ich einen starken Schlag auf den Rücken. Es war der Körper eines erschossenen Mannes, der auf mich gefallen war und dessen Gewicht mich in den blutigen Schlamm drückte. Sekunden später spürte ich weitere Stöße auf meinem Rücken. Bald begrub mich ein ganzer Berg ermordeter Juden. Das Maschinengewehrfeuer dauerte mit kurzen Unterbrechungen an, und ich überlegte, was ich machen sollte. Ich war sicher, irgendwo verwundet zu sein, aber weitere Kugeln würden mich nicht mehr treffen, da ich unter den Leichen begraben lag. Nach Ende ihrer »Arbeit« würden die Mörder das Massengrab sicher mit Erde zuschütten.

Voller Verzweiflung beschloß ich, aus dem Leichenhaufen nach oben zu kriechen, um endlich die erlösende Kugel zu erhalten, die meinem Leben ein Ende setzen würde. Ich strengte alle meine Muskeln und meinen Willen an, um mich zu befreien, aber es gelang mir nicht. Ich fiel in Ohnmacht.

Als ich wieder zu mir kam, hörte ich immer noch Schüsse und die Schreie der Verwundeten. Ein erneuter Versuch, mich aufzurichten, war vergebens. Erschöpft spürte ich, wie meine Lebensgeister schwanden. Ich konnte mich kaum bewegen und lag immer noch auf der linken Seite, die Knie an das Kinn gezogen, und hatte nur einen Wunsch – sterben.

Plötzlich kam ein schweres Gewitter auf, so daß die Erde bebte, und ein heftiger Regen begann. Es regnete in Strömen. Vielleicht war das Gebet der Sterbenden, »Höre Israel«, erst jetzt zu Ohren des Allmächtigen gekommen, der uns nun seine Teilnahme bezeugte. Das Feuer wurde eingestellt, und die Stimmen entfernten sich. Mir war klar, daß die Mörder im Gebäude Zuflucht vor dem Regen gesucht hatten. Nach einigen Minuten waren noch einzelne Schüsse zu hören, die vielleicht den Verwundeten galten, die sich noch bewegten. Ich nehme an, daß diese Schüsse aus dem Gebäude kamen.

Ich hatte hohes Fieber und glaubte, daß es von meinen Wunden käme, obwohl ich nicht feststellen konnte, wo ich eigentlich verletzt war. Ich versuchte, mit der rechten Hand ein Loch zwischen den leblosen Körpern, die über mir lagen, zu bohren, um das Regenwasser durchsickern zu lassen. Es gelang mir. Ich drehte den

Kopf ein wenig und fing mit der Zunge die Regentropfen auf. Ich konnte meinen Durst etwas stillen und fühlte mich besser. Soweit ich feststellen konnte, war es inzwischen dunkel geworden. Das Gewitter war vorüber.

Trotz meiner Versuche, mich den Kugeln auszusetzen und den Tod zu finden, war ich am Leben geblieben, aber in einem Massengrab verschüttet. Ich war am Ende meiner körperlichen und seelischen Kraft. Die schwere und zermürbende Arbeit, die Leichen aus der Grube zu ziehen, der erstickende Geruch und die Gase der verwesenden Leichen, die die Luft vergifteten, hatten mich völlig geschwächt. Jetzt lag ich im Blut der Opfer, von meinen Brüdern bedeckt und begraben. Was sollte mir noch bevorstehen?

Ich versuchte, so gut ich konnte, mich zu konzentrieren und mir ein Bild von der Lage zu machen. Ich hatte das Gefühl, unter zwei Schichten von Leichen begraben zu liegen, die schwer auf mir lasteten. Die Erde war schon vollgesogen und konnte das Blut, das immer weiter rann, nicht mehr aufnehmen. Ich war anscheinend nur leicht verwundet, denn mein Kopf schien gut zu arbeiten. Der strömende Regen hatte die Mörder offenbar vom Tatort getrieben, und daher hatten sie auch das Massengrab noch nicht zugeschüttet. Vermutlich würde das erst am Abend geschehen. Ich entschied, noch zwei bis drei Stunden so liegen zu bleiben und dann, gegen Mitternacht, aus der Grube zu kriechen und zum Haus meines Onkels zu fliehen, in der Hoffnung, meine Verwandten noch am Leben zu finden.

Während ich so lag, überschlugen sich die Gedanken in meinem Kopf: Wie und warum ist das alles geschehen, was wäre passiert, wenn ..., auf die ich aber keine Antwort fand. Nach etwa drei Stunden, in denen ich still lag und meine Kräfte sammelte, fing ich an, die Körper, die mich bedeckten, beiseite zu schieben. Mit großer Mühe und unter Einsatz all meiner Kraft gelang es mir, meinen Kopf an die Oberfläche zu bringen. Es war eine klare Nacht, der Vollmond schien.

Die grausame Wirklichkeit und der Drang zu leben befahlen mir, mich weiter anzustrengen und mein Leben zu retten. Ich versuchte, den Rest meines Körpers zu befreien. Endlich war ich oben. Ich lag erschöpft auf den Leichen.

Als ich mich vorsichtig umsah, entdeckte ich zu meinem großen Erstaunen menschliche Gestalten, die an der Wand des Gebäudes saßen. Schien es mir nur so? Doch, dort saßen wirklich Menschen. Wer waren sie? Vielleicht ukrainische Hilfspolizisten? Vielleicht Deutsche? Die Entfernung war zu groß, um sie in der Dunkelheit zu erkennen, aber nach zehn Minuten aufmerksamen Beobachtens konnte ich weder eine Bewegung noch ein anderes Lebenszeichen feststellen. Ich vermutete, daß es Frauen waren, die seit dem Morgen dort gesessen hatten und nachher in dieser Stellung erschossen worden waren, war mir aber nicht ganz sicher. Ich fand einen Spaten, den ich schützend vor meinen Kopf hielt, und machte mir mit der anderen Hand den Weg frei. Als ich in die Richtung des Wäldchens zu kriechen begann, bemerkte ich in meiner Nähe weitere Gestalten, die sich bewegten und in die gleiche Richtung krochen.

Ich erreichte als erster den Abhang, warf den Spaten weg und rutschte auf dem nassen Gras hinunter. Dann versuchte ich aufzustehen, aber meine Beine wollten mich nicht tragen. Ich war davon überzeugt, daß ich an den Beinen verletzt war. Bevor ich darüber nachdenken konnte, kamen noch drei Juden den Abhang heruntergerutscht. Alle hatten Verletzungen davongetragen.

Wir berieten uns, und einer von ihnen sagte, er wisse, wie man hier herauskomme, und kenne den Weg in die Stadt. Ich kroch mit meinen Kameraden, die mir älter vorkamen, an einem hölzernen Zaun entlang, und nach dreißig Metern entdeckten wir eine kleine Bresche. Mit großer Vorsicht entfernten wir weitere Bretter und krochen auf die andere Seite des Zaunes. Ich versuchte noch einmal, aufzustehen, und diesmal gelang es mir, ich konnte stehen und auch gehen. Die Ursache meiner vorübergehenden Lähmung war vermutlich das lange Liegen unter dem schweren Druck gewesen.

Bald zeigte sich ein neues Hindernis, ein Bach, der zwischen dem Zaun und der Straße floß. Wir sprangen ins kalte Wasser und wateten auf die andere Seite. Schweigend gingen wir in die Richtung des Stadtzentrums, überquerten eine Straßenkreuzung und standen in einer der Hauptstraßen. Links war ein hoher Zaun, der seinen Schatten bis auf die Straße warf. Ich fand es sicherer, ungesehen zu bleiben, und ging daher auf der linken Seite am Zaun entlang. Meine drei Kameraden dagegen liefen mitten auf der Straße.

Das Haus meines Onkels stand hinter einer Kirche mit einer großen Kuppel, daran entsann ich mich. Die Nacht war klar, und ich konnte die Kirchenkuppel von weitem sehen. Wir schritten ziemlich schnell vorwärts, als plötzlich ein Ruf zu hören war: »Halt!« Und noch einmal: »Halt!«

Wir blieben stehen. Ein deutscher Soldat, das Gewehr auf uns gerichtet, näherte sich, blieb fünf Meter vor uns stehen und fragte auf Deutsch, wohin wir gingen. Ich hörte die Antwort meiner Kameraden nicht. Der Soldat hatte mich nicht bemerkt, und im Schatten des Zaunes ging ich langsam weiter. Dann lief ich los, sprang über Zäune und quer durch Gärten, bis ich bei der Kirche angelangt war.

Ein Junge kehrt zurück

Die Tage danach

Ich erreichte das Haus meines Onkels durch den Garten von der Rückseite her. Ein paar Stufen führten zur Eingangstür. Rechts davon war das Küchenfenster, mit einem Vorhang verhangen, damit das Licht von außen nicht zu sehen war. Ich klopfte an die Tür, aber nichts regte sich. Ich pochte noch einmal ans Fenster und sah die Silhouetten zweier Frauen. Ich klopfte leise weiter und flüsterte, daß es für mich gefährlich sei, draußen zu stehen. Eine Frau näherte sich, es war Dora. Ich gab ihr mit der Hand ein Zeichen, die Tür zu öffnen, aber sie entfernte sich sofort. Ich konnte nicht begreifen, warum sie sich weigerte, die Tür zu öffnen, da sie mich doch gesehen und meine Stimme gehört hatte.

Es vergingen noch ein bis zwei Minuten, bis ich Schritte hörte, die sich der Tür näherten. Der Schlüssel drehte sich im Schloß, der Riegel wurde beiseite geschoben, und die Schritte entfernten sich wieder. Ich drückte auf die Klinke, die Tür öffnete sich, ich trat ein, verschloß die Tür hinter mir und ging in die Küche. Meine Tante und Dora standen an der Wand, sahen mich mit Entsetzen an und folgten jeder meiner Bewegungen. Ich fing an, zu reden und zu erzählen, was mir passiert war. Ich bat um ein Glas Wasser, als ich aber an sie herankam, schrien sie. Ich war völlig verwirrt. Was ging hier vor? Vielleicht waren sie nach den Erlebnissen des letzten Tages irrsinnig geworden. Ich erklärte ihnen noch einmal, daß ich vor Durst fast umkäme, daß ich meine Kleider, die voller Blut waren, wechseln und mich waschen wolle. Dora, die den Mut gehabt hatte, mir die Tür zu öffnen, wagte auch endlich, mit mir zu reden, und sagte: »Deine Tante hat in den letzten Sekunden, bevor wir das Gefängnis verließen, gesehen, wie du von Schüssen getroffen wurdest und hinfielst. Wie ist es möglich, daß du nun vor uns stehst?«

Jetzt verstand ich das Problem und erklärte ihnen, wie ich mich gerettet hatte und wieder zurückgekommen bin. Dora kam langsam auf mich zu, berührte mich, um zu fühlen, ob ich lebte oder ein Gespenst war, wie sie geglaubt hatten. Nach der zweiten Berührung stürzte sie sich auf mich, umarmte mich und brach in Tränen aus. Erst dann näherte sich auch meine Tante und sagte: »Ich habe doch mit eigenen Augen gesehen, wie sie auf dich geschossen haben und wie du umgefallen bist, und jetzt stehst du hier und erzählst, daß du nicht einmal verwundet bist. Das war Gottes Hand, ein Wunder.«

Sie sagten mir, der Onkel sei mit Nachbarn im Keller, unter anderem auch mit Doras Eltern. Dora und sie seien in der Wohnung geblieben, um Einbrüche der Polen und Ukrainer zu verhindern, die jüdische Wohnungen plünderten. Ich trank etwas, wusch mich und zog mir andere Sachen an. Zu meiner großen Überraschung fand ich keine Spuren einer Verletzung. Die blutigen Kleider scharrte ich unter der Treppe ein, denn ihre Entdeckung wäre für mich lebensgefährlich gewesen.

Ich ging in den Keller, wo man schon von meiner Ankunft gehört hatte und mir einen bewegenden Empfang bereitete. Alle wollten die Geschichte hören. Trotz meiner Müdigkeit beschrieb ich in Einzelheiten den Ablauf des Geschehens und die Greueltaten, deren Zeuge ich geworden war, meine Flucht und meine Rückkehr. Ich versuchte, deutlich zu machen, daß die Ereignisse des vorherigen Tages ein Markstein seien, ein klares Zeichen für das, was uns unter der deutschen Okkupation in naher Zukunft bevorstehen würde. Aber meine Worte wurden von den meisten nicht aufgenommen. Vielleicht war der Schock über das Geschehen im Gefängnis, das wir jetzt »die Hölle« nannten, zu groß.

Meine Gedanken kreisten in dieser Nacht immer wieder um meine Familie. Ich war sicher, daß auch sie sich meinetwegen

Sorgen machte, denn überall in der Gegend war es nach dem Einmarsch der Deutschen zu Überfällen und Morden gekommen. Wäre es möglich gewesen, hätte ich sie jetzt beruhigt und ihnen erzählt, daß ich noch lebte und mich nun in einem Keller in Sicherheit befand. Ich versuchte, mir einzureden, daß es auch ihnen gut gehe, und meine Befürchtungen zu verdrängen.

»Es ist ein Junge da, bei Wolkowicz, der aus der Hölle zurückgekommen ist«, erzählten die Leute in den folgenden Tagen. Viele Menschen, vor allem Frauen, besuchten mich. Sie wollten sich nach dem Schicksal ihrer Lieben, die nicht zurückgekehrt waren, erkundigen, und von mir wissen, ob alle ermordet wurden oder doch einige fliehen konnten. Manche kamen mit Bildern ihrer Angehörigen wieder, die ich identifizieren sollte. Leider konnte ich diesen Unglücklichen nicht helfen. Ich kannte keines der Opfer und wollte, um den Frauen nicht noch mehr wehzutun, auch keine Einzelheiten erzählen.

Einige Besucher sagten zu mir: »Wenn es dir gelungen ist, aus der Hölle zu entkommen, so ist das ein Zeichen, daß dir nichts passieren kann.« Niemand konnte aber wissen, was mir in der Zukunft noch passieren sollte.

Außer in den Nächten, in denen ich die Wohnung bewachte, saß ich eine Woche lang dauernd im Keller. An einem Abend, an dem ich mit meiner Tante in der Wohnung war, versuchten wir, uns gegenseitig den Morgen, an dem wir ins Gefängnis gebracht worden waren, wiederzuerzählen. Dabei kamen wir zu dem Schluß, daß es relativ leicht gewesen wäre, uns zu verstecken und dadurch den schrecklichen Ereignissen zu entkommen. Die Deutschen und Ukrainer hatten ja nur die Tür geöffnet und uns herausgeholt. Wenn ich zufällig in einem anderen Raum gesessen hätte, wäre ich verschont geblieben, denn die Mörder suchten nicht genau. Es war, so schien es uns, ein unsystematisches Vorgehen, ein spontanes Morden, das allerdings die Menschen um so unvorbereiteter traf. Viele aber, die gehört hatten, die Deutschen kommen, haben sich unter dem Bett versteckt gehalten oder sind in einen Keller geflüchtet, wie sie hinterher erzählten. Nicht alle, aber viele konnten so das Pogrom überleben.

Wie in der Fluchtnacht die Begegnung meiner drei Kameraden mit den deutschen Soldaten ausgegangen ist, weiß ich nicht. Ich habe nach ihnen gesucht, wollte ihnen unbedingt wieder begegnen, aber niemand wußte etwas über sie zu berichten. Später erfuhr ich, daß der Deutsche, der uns angehalten hatte, mit der SS und mit dem Massenmord auf der Burg Zamek nicht unmittelbar zu tun hatte. Er hielt vor einem Park Wache, in dem Soldaten der Wehrmacht übernachteten.

In einem vertraulichen Gespräch eröffnete mir die Tante eines Abends: »Dora konnte sich nach unserer Rückkehr aus der Hölle stundenlang nicht beruhigen und weinte ununterbrochen. Du stehst ihr nah, und deshalb war sie trotz unserer Ängste diejenige, die es wagte, dir die Tür zu öffnen. Sie liebt dich.« Trotz meiner freundschaftlichen Gefühle und meiner Zuneigung zu Dora reagierte ich auf diese Enthüllung nicht. Ich hatte zwar wahrgenommen, daß Dora gern in meiner Nähe war und mir ihre Hilfe anbot. Daß das aber aus Liebe geschah, hatte ich nicht gedacht.

Ich sehnte mich nach meiner Familie. Ich wollte meine Eltern und Geschwister wiedersehen und wissen, wie sie die Zeit nach dem Einmarsch der Deutschen überstanden hatten. Ich wußte, daß sie unter Ukrainern lebten, und der Gedanke, daß diese vielleicht genauso »aktiv« waren wie ihre Volksgenossen in Zloczow, ließ mir keine Ruhe. Ich wußte zwar, daß mein Vater viele Ukrainer in der Fabrik beschäftigte und gute Beziehungen zu ihnen hatte, aber unter den jetzigen Umständen waren auch diese Beziehungen fragwürdig geworden.

Im Laufe der Tage und Nächte, die ich im Keller und in der Wohnung des Onkels verbrachte, kam ich zu dem Entschluß, auf keinen Fall länger in Zloczow zu bleiben. Ich wollte meinem Onkel, der sich schon genug Sorgen um seine Familie machte, nicht auch noch zur Last fallen. Außerdem hatte ich keinen eigenen Bereich im Haus und wollte nicht stören. Auch fürchtete ich die judenfeindlichen Verordnungen der Deutschen, die in Westpolen inzwischen an der Tagesordnung waren und uns nun sicher auch erwarteten. Man hörte, daß die Juden im Westen sehr unterdrückt lebten, daß sie ihre Geschäfte aufgeben mußten, Zwangsarbeit leisteten und gezwungen wurden, in bestimmten Stadtteilen auf engstem Raum zu leben.

Auch in Zloczow richtete man ein Sperrgebiet ein, das später zum Ghetto werden sollte. Die Stimmung hatte sich trotz allem etwas beruhigt, und die Juden kamen aus ihren Verstecken. Es begann eine neue Zeit, in der wir nach der »deutschen Ordnung« leben mußten. Juden mußten jetzt am linken Arm eine weiße Armbinde mit einem blauen Davidstern tragen. Die Deutschen richteten in den eroberten Gebieten ein Verwaltungssystem mit »Bezirkshauptmannschaften« ein, denen die Gemeinden unterstanden. »Bezirkshauptmann« war oft ein deutscher Offizier, der die konkreten Verwaltungsaufgaben der deutschen Gendarmerie und Gestapo (Geheime Staatspolizei) oder – in vielen kleinen Städten – ukrainischen Hilfspolizisten übertrug. In manchen Ortschaften wie etwa Jagielnica bildeten zehn ukrainische Polizisten die ganze »Besatzung«, und Deutsche kamen nur einmal in der Woche »nachsehen«.

Nachdem die Ukrainer ihren Blutdurst gestillt hatten, versuchten sie, ihren alten Wunschtraum eines selbständigen Staates zu verwirklichen. Die Deutschen aber verhöhnten sie im Grunde. Sie nutzten die Ukrainer weiter für ihre Zwecke aus, entzogen ihnen aber nach kurzer Zeit jede Selbständigkeit. Die ukrainische Hilfspolizei stand unter deutschem Befehl und nahm weiterhin an allen Grausamkeiten gegen die Juden teil.

Wladeks Dorf

Bei Polen versteckt

Ich wollte Zloczow verlassen und versuchen, außerhalb der Stadt ein möglichst normales Leben zu führen. Der Plan, bei Christen in der Umgebung Unterschlupf zu suchen, schien mir durchaus realisierbar. Ein Nachbar, der früher oft die Dörfer der Umgebung besucht hatte, beriet mich.

Ich wollte mich als Pole ausgeben und in einem der umliegenden Dörfer leben. Mein Aussehen würde keinen Verdacht erregen, auch meine Sprache würde mich nicht verraten, denn Polnisch war ja meine Muttersprache. Mein Familienname war polnischen Ursprungs, und meinen Vornamen Shlomo konnte ich leicht ändern. Im christlichen Polen war es Sitte, die Kinder am achten Tag nach der Geburt zu taufen. Da ich am 1. Januar geboren wurde und, wäre ich ein christlicher Junge gewesen, am achten Januar getauft worden wäre, nahm ich den Namen des Schutzheiligen dieses Tages, Severyn, an.

Ohne die Armbinde mit dem Davidstern verließ ich die Stadt und besuchte zwei Dörfer, bevor ich mich für eines, Woroniaki, als neue Bleibe entschied. Die meisten Dorfbewohner waren hier Ukrainer.

Meine Überlegung war, daß niemand einem jüdischen Jungen zutrauen würde, sich einem Dorf wie Woroniaki zu nähern, das durch die große Zahl von Männern bekannt geworden war, die sich freiwillig zum Dienst bei der SS gemeldet hatten.

Ich kehrte in das Haus meines Onkels zurück und erzählte den Verwandten von meinem Plan, um ihre Meinung zu hören. Einen

Ratschlag erwartete ich allerdings nicht, da alle genug eigene Sorgen hatten und in ständiger Angst vor neuen Schikanen und »Bestimmungen« der Deutschen lebten. Trotz der Einwände meines Onkels packte ich das Nötigste, auch Bilder und Briefe, die ich aus Lemberg mitgebracht hatte, in meinen Rucksack. Am nächsten Morgen nahm ich Abschied von Onkel und Tante und auch von Dora, die traurig war, als ich mich auf den Weg machte.

Der kürzeste Weg nach Woroniaki führte durch einen schönen Wald. Nach einigen hundert Metern sah ich einen jungen Burschen vor mir gehen. Ich holte ihn ein und grüßte auf Polnisch mit »Dzien Dobry«, »Guten Morgen«. Er machte einen freundlichen Eindruck, wir gingen ein Stück zusammen, und es stellte sich heraus, daß er in Woroniaki wohnte. Wladek war Pole, einziger Sohn älterer Bauersleute, die ein größeres Anwesen am Rande des Dorfes besaßen. Wladek erzählte mir, daß er schon am frühen Morgen mit einem Sack Gemüse in die Stadt gegangen sei. Er habe das Gemüse verkauft und sei nun auf dem Heimweg.

Ich war aufgeregt. Eine bessere Begegnung hätte ich mir in meiner Lage nicht wünschen können. Ich versuchte, dem jungen Mann näher zu kommen und vielleicht auch sein Mitleid zu erwecken. Ich erzählte ihm meine Geschichte, wie ich sie mir schon im Keller des Onkels ausgedacht hatte, auch um herauszufinden, ob sie überzeugend wirkte. Ich sei ein Pole namens Severyn Wolkowicz, Student aus Lemberg. Dort hätte ich mit meiner Familie in der Eisenbahnstraße in der Nähe des Hauptbahnhofs gewohnt. Schon in den ersten Kriegstagen habe die deutsche Luftwaffe den Bahnhof und seine Umgebung bombardiert, so daß auch unser Haus völlig zerstört worden sei. Alle Hausbewohner, auch meine Eltern, seien ums Leben gekommen. Nur ich sei zur Zeit des Luftangriffs nicht zu Hause gewesen. Ich hätte zwar Verwandte in Lemberg, könne aber nicht an dem Ort bleiben, wo alle meine Lieben den Tod gefunden hätten. Deshalb hätte ich mich von der Stadt entfernt, in der Hoffnung, die Zeit könne meine Wunden heilen. Gern würde ich auf einem Bauerngut leben und arbeiten.

Die Geschichte klang überzeugend, und Wladek, mein künftiger Freund, hörte aufmerksam zu, versuchte sogar, mich zu trösten, und meinte, wenn ich nichts dagegen hätte, würde er mit seiner Mutter sprechen und sie fragen, ob sie bereit sei, mich aufzunehmen. Die Eltern hätten ein großes Haus, und meine Hilfe bei der Arbeit sei gewiß willkommen.

Ich hatte das Gefühl, daß Wladek sich nach einem Kameraden sehnte und daß zwischen uns eine gute Beziehung entstehen könnte. Ich ließ mir aber meine Freude nicht anmerken und antwortete zunächst nicht auf seinen Vorschlag. Auf unserem gemeinsamen Marsch versuchte Wladek mich zu bewegen, seine Einladung anzunehmen. Er konnte nicht ahnen, wie sehr ich mir wünschte, sein »Bruder« zu werden. Ich sagte ihm, sein Vorschlag gefalle mir, aber ich würde gern erst abwarten, wie seine Mutter reagierte. Unser Treffen sei ein glücklicher Zufall für uns beide. Er stimmte mir zu.

Nach einem Marsch von etwa einer Stunde erreichten wir sein Zuhause, und er beeilte sich, der Mutter von seiner »Entdeckung« zu berichten. Eine große, schwere Frau kam aus dem Haus und lud mich freundlich ein, hineinzukommen. Wir traten in eine geräumige Wohnstube. Ich setzte mich mit Wladek an einen Holztisch. Wir bekamen einen Griesbrei, und ich begann, der »Mutti« meine Geschichte zu erzählen. Ich stellte mich wieder als Severyn Wolkowicz vor, und sie beschlossen, mich Sevek zu nennen.

Wladek ging mit mir über die Felder, die sich weit hinzogen; er zeigte mir den Kuhstall, den Schweinestall und einen Pferdestall, in dem schöne Tiere standen. Als wir an der Scheune vorbeikamen, trafen wir Wladeks Vater, der Schwierigkeiten hatte, mit der Häckselmaschine Stroh für Viehfutter zu zerkleinern. Ich sah, daß die Maschine nicht richtig funktionierte: Der Mann mußte viel Kraft aufwenden, um das Schwungrad zu drehen. Das war für mich eine gute Gelegenheit, meine Fachkenntnisse zu beweisen. Ich schlug vor, die Maschine zu reparieren. Beide schauten mich erstaunt an, dann sagte der Vater: »Also zeig uns, was du kannst!« Ich bekam Werkzeuge, zerlegte die Häckselmaschine, schliff die Schneidemesser, montierte alles wieder zusammen, ließ die Maschine laufen, und sie funktionierte wirklich, wie ich gedacht hatte. Ich teilte Wladeks Vater mit, die Maschine sei jetzt betriebsbereit, und bat ihn, sie auszuprobieren. Das Schwungrad drehte sich mit Leichtigkeit, und ohne Anstrengung konnte das Stroh gehäckselt werden. Wladeks Vater lobte mich, ich konnte gleich am Anfang einen guten Eindruck machen und mich nützlich erweisen. Die Familie nahm mich bei sich auf.

Den Rest des Tages half ich Wladek bei verschiedenen Arbeiten, und am Abend gingen wir im Dorf spazieren. Es zog sich an einer ungepflasterten Straße entlang, und jedes Fahrzeug, das hier durchfuhr, wirbelte Staub auf, der auf die Häuser fiel, die in einigem Abstand voneinander rechts und links lagen. Es gab eine Dorfkirche, eine Dorfschule und einen kleinen Laden. Neben der Schule lag das Gebäude der Dorfverwaltung, und davor war ein großer Rasen, der Dorfplatz, auf dem sich die Jugendlichen trafen, der aber auch bei Hochzeiten und anderen Festen genutzt wurde.

Als Wladek und ich heimkehrten, war es Nacht geworden. Das Dorf lag im Dunkeln, denn es gab noch keine Elektrizität in Woroniaki. »Veni, vidi, –«, fielen mir plötzlich die Worte aus der Schule ein, »Ich kam und sah«. Aber bis zum »vici«, zum Siegen, sagte ich mir, ist es noch ein weiter Weg. Doch ich freute mich über den guten Anfang.

Ich konnte mir nicht vorstellen, daß die Situation der Verfolgung allzulange dauern sollte. Ich war nach dem Ersten Weltkrieg in einem freien Polen geboren und ging selbstverständlich davon aus, daß dies meine Heimat war. Ich wollte bleiben und abwarten, wie sich alles entwickelte. Ich hoffte, irgendwann wieder dazuzugehören, ansässig zu sein und zu spüren: Ich bin einer von denen.

Meine Gastgeber hatten mir ein Bett in einem kleinen Lagerraum gemacht. Es war meine erste Nacht allein unter völlig fremden Menschen. Auf jeden Fall war ich hier sicherer als in der Stadt. Dennoch konnte ich nicht einschlafen, viele Gedanken gingen mir durch den Kopf, und immer wieder mußte ich an meine Eltern denken.

Am nächsten Morgen standen wir um fünf Uhr auf, aßen unseren Grießbrei und fuhren mit einem Pferdewagen auf die Felder. Es war Erntezeit, deshalb blieben wir bis zum Abend dort. Ich gewöhnte mich schnell an die verschiedenen landwirtschaftlichen Arbeiten, und trotz der körperlichen Anstrengung fühlte ich mich wohl bei meiner neuen »Familie«.

Es gab verschiedene Arbeiten auf dem Feld – mit der Sense mähen, mit dem Rechen die Ähren zusammenharken, Getreidegarben zusammentragen, sie binden, sie dann auf die Wegseite stellen und schließlich auf den Pferdewagen laden. Außer dem Mähen, das nach Auffassung der Dorfbewohner einer besonderen Fähigkeit und Erfahrung bedurfte, lernte ich alle anderen Arbeiten schnell. Hauptsächlich lud ich die Getreidegarben auf den Wagen, auf dem ein anderer Mann stand, der sie dann so übereinanderstapelte, daß nichts herunterfiel. Für meine Arbeit, die schweren Garben mit der Heugabel drei Meter hoch auf den Wagen zu laden, war viel Kraft erforderlich.

Im Dorf sprach sich schnell herum, daß ein Student aus Lemberg bei Wladek sei, und die Nachbarn kamen unter verschiedenen Vorwänden, um den Fremden zu sehen. Nach kurzer Zeit war ich allen bekannt. Die meisten Dorfbewohner, auch die jungen, waren Analphabeten und kamen, um sich von mir Formulare ausfüllen und Briefe an die Behörden schreiben zu lassen.

Es gefiel mir einerseits, daß ich ihnen nützlich sein konnte, andererseits fürchtete ich, daß mein Name zu oft erwähnt wurde. Ich war ein Außenseiter unter diesen Bauern, aber das war eine Tatsache, die ich nicht ändern konnte. Ihre Neugier war groß, und ich entsinne mich, daß ich eines Tages mit ein paar Mädchen, die ich auf der Straße traf, einige belanglose Worte wechselte, wie etwa »Wie geht es euch?« Mit einer von ihnen mag ich etwas länger gesprochen haben. Am nächsten Morgen erzählte man im Dorf, daß es zwischen Janka und mir eine Romanze gäbe.

Mir war klar, daß Wißbegier und Klatsch der Dorfbewohner mir schnell gefährlich werden konnten. Beides konnte ich aber nicht verhindern. Ich hätte mich auch nicht von der Dorfgemeinschaft lösen und für mich allein leben können, sondern ich mußte, soweit wie möglich, mich auch weiterhin natürlich verhalten und den Gewohnheiten der Menschen anpassen. Zum Glück brauchte ich nicht in die Kirche zu gehen, denn im Dorf gab es nur eine griechisch-orthodoxe Kirche für die Ukrainer; ich aber war ja »Pole«. Einige Wochen vergingen, in denen ich mit der Landarbeit ganz ausgelastet war. Ich war außerdem als Fachmann für landwirtschaftliche Maschinen bekanntgeworden und hatte damit zu tun, allerhand Reparaturen auszuführen. Doch immer war ich unruhig und erwartete, daß irgend etwas passierte. Von Zeit zu Zeit besuchte ich meinen Onkel in Zloczow und brachte ihm Lebensmittel, die in der Stadt ganz allgemein, besonders aber in den jüdischen Familien fehlten.

Bei einem meiner Besuche erwartete mich eine angenehme Überraschung. Meine Eltern hatten mir als Antwort auf meine Briefe eine Postkarte geschickt. Sie hatten schon alle Hoffnung verloren, mich wiederzusehen, und deshalb waren sie so erregt, als sie meine Briefe erhielten. Sie machten sich jetzt große Sorgen und wollten mich in ihrer Nähe haben.

Ich war außer mir vor Freude, daß ich endlich ein Zeichen von ihnen bekommen hatte, und sehnte mich nach Jagielnica. Andererseits hatte ich Zweifel, ob es richtig war, gerade jetzt, wo ich mich im Dorf eingelebt hatte, fortzugehen und in meine Heimatstadt zurückzukehren, in der das Leben der Juden auch nicht mehr sicher war.

Mir war klar, daß ich in Jagielnica auf jeden Fall innerhalb der jüdischen Gemeinde zu leben hatte, mit allem, was das bedeuten konnte, und daß dort keine Aussicht bestand, eine neue Identität anzunehmen. Ich schrieb meinen Eltern von diesen Zweifeln. Ich erzählte von dem Leben im Dorf, ohne dessen Namen zu nennen, und fragte sie, ob meine Rückkehr notwendig und ihnen von Nutzen sei. Wenn sie das bejahten, würde ich eine Möglichkeit finden, trotz aller Schwierigkeiten zu ihnen zu kommen. Wenn es sich aber nur um Sehnsucht handele, sei es wohl besser, ein Wiedersehen aufzuschieben.

Inzwischen ging der Sommer zu Ende, der Herbst 1941 begann mit vielen Regentagen. Wir arbeiteten jetzt hauptsächlich auf dem Hof, und ich war viel mit Wladek zusammen. Die gemeinsame Arbeit brachte uns einander näher; wir wurden Freunde, und manchmal war ich wie ein Lehrer für ihn, obwohl er zwei Jahre älter war als ich. Ich erzählte und erklärte Wladek viele Dinge, von denen er noch nie etwas gehört hatte, und eröffnete ihm eine Welt des Wissens, die völlig anders war als das Leben, das er in Woroniaki kennengelernt hatte.

Im Herbst und Winter hatten alle mehr Zeit, und die Jugendlichen nutzten sie zu Treffen an Abenden und Sonntagen. Auch ich gehörte zu einer Gruppe von etwa zwanzig Jungen und Mädchen aus dem Dorf, die sich einmal in der Woche zum Tanzen trafen. Ich war in der Gruppe gut angesehen, von den Mädchen sogar begehrt. Aber gerade das war für mich problematisch. Jeder Junge hatte es auf dieses oder jenes Mädchen abgesehen, und jedesmal, wenn ich mit einem Mädchen tanzte oder sprach, spürte ich neidische Blicke. Ich war mir der Gefahr bewußt, die Eifersucht mit sich bringen konnte, und hatte auch gar keine Absicht, jemandem ein Mädchen wegzunehmen. Hätten die Jungen gewußt, wie vorübergehend ich meinen Aufenthalt hier ansah, hätten sie vielleicht mein gutes Verhältnis zu den Mädchen leichter genommen. Aber sie wußten nichts von meiner Situation, und ich konnte darüber nicht sprechen, was eine gefährliche Spannung erzeugte.

Nicht selten mußte ich mit anhören, wie man im Dorf über Juden sprach. »Da haben sie wieder soundso viele umgebracht«, hörte ich, und die das sagten, freuten sich. Diese Situationen waren eine Qual für mich, denn ich durfte weder mein Erschrecken noch meine Empörung zeigen.

Eines Abends kam Wladek aufgeregt und zornig nach Hause und erzählte mir, was passiert war. Er hatte Tonko getroffen, einen Jungen aus unserer Gruppe, mit dessen Freundin ich am Vortag mehrmals getanzt hatte. Tonko hatte ihm erzählt, wie ihn das ärgerte. Und was hatte er noch hinzugefügt? »Er ist vielleicht ein Jude!« Wladek war über diese »freche Anmaßung« empört und schlug auf Tonko ein. »Das wird ihn lehren, solche Dummheiten nicht zu wiederholen«, sagte er mir.

Ich bemerkte nur, es sei schade, daß sie sich meinetwegen geschlagen hätten; es wäre besser gewesen, wenn er über diese Behauptung hinweggesehen und den Dummkopf einfach ausgelacht hätte. Für mich war dieser Vorfall mehr als ein Warnsignal. Natürlich würde sich der Streit zwischen Wladek und Tonko herumsprechen, und nicht nur unter den Jugendlichen.

Von diesem Tag an ließ mich der Gedanke nicht mehr los, daß die ukrainische Polizei jeden Moment auftauchen könnte, um mich zu verhaften. Ich übernachtete nun außerhalb des Wohnhauses. Wenn die anderen sich schlafen gelegt hatten, ging ich nach draußen und suchte mir irgendeine Ecke auf dem Hof, mal in der Scheune, mal in einem Schuppen, die mir sicher schien. Am Morgen stand ich vor den anderen auf, so daß es nicht auffiel.

Später stellte sich heraus, daß ich die Arglosigkeit der Dorfbewohner vielleicht mit dem Leben bezahlt hätte, wenn sie mein Versteckspiel durchschaut und sich von mir getäuscht gefühlt hätten. Ich mußte das Dorf wieder verlassen, aber wohin sollte ich gehen? Vielleicht in ein anderes Dorf der Umgebung?

Bei einem meiner Besuche in Zloczow erzählte ich meinem Onkel von dem Streit zwischen Tonko und Wladek und von meiner Angst, im Dorf zu bleiben. Er sagte zu mir: »Es gibt eine Lösung. Ich habe einen Brief von deinem Vater erhalten mit einer Seite, die an dich gerichtet ist. Komm und lies!« Meine Eltern schlugen mir darin noch einmal vor, nach Jagielnica zurückzukehren. Diesmal hatten sie auch einen genauen Reiseplan ausgearbeitet: »In der nächsten Woche fährt ein Lastwagen der Fabrik nach Lemberg. Auf dem Rückweg, am Donnerstag um fünfzehn Uhr, werden die beiden Fahrer an der Straßenkreuzung Zloczow – Tarnopol anhalten. Wenn du dich entschließt, mitzufahren, warte an der Straßenkreuzung.«

Das war verlockend, aber ich hatte auch viele Zweifel. Nach einem langen Gespräch mit meinem Onkel beschloß ich, »mein« Dorf zu verlassen und diese außergewöhnliche Gelegenheit zu nutzen. Mein Onkel übernahm es, das meinen Eltern zu übermitteln. Ich verabschiedete mich von den Verwandten und Nachbarn in Zloczow, vor allem auch von Dora, ging nach Woroniaki zurück und erwartete dort mit Ungeduld den nächsten Donnerstag. Ich überlegte auch, ob ich das Dorf schon vorher verlassen sollte, um nicht noch im letzten Moment der Polizei in die Hände zu fallen.

Die Tage vergingen unter großer Spannung, und einen Tag vor meinem Abschied sagte ich zu Wladek, daß ich für einige Zeit nach Lemberg reisen müsse, um meine Vermögensangelegenheiten zu regeln und auch um Verwandte zu besuchen. Am nächsten Morgen verließ ich zu früher Stunde das Dorf, obwohl ich bis Mittag Zeit gehabt hätte. Mit Tränen in den Augen nahm ich Abschied von Wladeks Familie, die ich sehr liebgewonnen hatte und die mich auch seelisch unterstützt hatte.

Wladek begleitete mich bis zum Waldrand, und wir beschlossen, daß er bei meiner nächsten Reise nach Lemberg mitkommen würde, um die Stadt, von der ich ihm so viel erzählt hatte, mit eigenen Augen zu sehen. Wir trennten uns. Ich drehte mich um und sah, wie Wladek sich entfernte. Es war das gleiche Bild, das ich gesehen hatte, als ich ihn zum ersten Mal traf. Nur ging ich diesmal in die entgegengesetzte Richtung.

Die Kellertür

Folter und Selbstbefreiung

Ich weiß nicht mehr, welches Datum dieser Donnerstag im November 1941 hatte. Es war vielleicht der Dreizehnte, denn Unheil geschah mir oft am Dreizehnten eines Monats.

Am frühen Nachmittag stand ich, wie vereinbart, an der Straßenkreuzung Zloczow-Tarnopol. Mit einer halben Stunde Verspätung erschien der Lastwagen und hielt an. In der Kabine saßen zwei Fahrer. Der eine stieg aus und fragte mich: »Bist du Wolkowicz? Dein Vater hat uns gebeten, dich nach Jagielnica mitzunehmen.« Ich stieg in den Lastwagen, der mit Eisenteilen beladen war, und die Fahrt ging los.

Die Straße war in einem schlechten Zustand, sie war seit Jahren nicht mehr ausgebessert worden. Das Auto holperte dahin, doch die Hauptsache war, daß wir vorwärtskamen. Nach etwa vierzig Kilometern spürte ich, wie der Wagen rechts immer mehr Schlagseite bekam. Auch der Fahrer hatte es bemerkt und hielt an. Rechts war ein Reifen geplatzt. Die beiden Männer holten ihre Werkzeuge heraus und fingen an, das Rad abzumontieren. Ich half ihnen dabei; es war nicht leicht, die Schrauben zu lösen, denn die Muttern waren festgerostet. Wir verloren viel Zeit und mußten auch später noch oft anhalten, um verschiedene Pannen zu beheben. Es wurde allmählich dunkel, doch wir waren von Jagielnica noch weit entfernt. Ich begann mir Sorgen zu machen, denn ich hatte geglaubt, wir könnten die 150 Kilometer in etwa gut zwei Stunden schaffen und noch im Hellen ankommen.

Um zwanzig Uhr fuhren wir durch Czortkow. Nun waren es nur noch zehn Kilometer bis Jagielnica, und das Hin- und Herschaukeln würde bald ein Ende haben. Als unser Wagen um halb neun in Jagielnica hielt, war das Quietschen der Bremsen weit zu hören. Ich sprang herunter, bedankte mich bei den Fahrern und ging zu meinem Elternhaus, das noch etwa zehn Minuten zu Fuß entfernt war. Schon nach wenigen Schritten rief jemand »Halt!«, und zwei ukrainische Polizisten kamen mit erhobenem Gewehr auf mich zu. Einer fragte auf ukrainisch, was ich hier suche. Es sei doch Ausgangssperre nach neunzehn Uhr. Ich erklärte ihnen, daß ich von dem Lastwagen abgestiegen sei, der gerade an ihnen vorüber zur Fabrik gefahren war, und daß wir wegen mehrerer Pannen so spät angekommen seien. Meine Erklärungen trafen auf taube Ohren.

Die Männer verlangten von mir, mit ihnen aufs Polizeirevier zu kommen. Sie führten mich zu einer schönen, zweistöckigen Villa, die rechts an der Straße lag. Ich wußte, daß sie früher einem Juden namens Geller gehört hatte. Wir traten durch die Eingangstür in einen Raum, in dem ukrainische Polizisten um einen großen Tisch herum saßen. In der Ecke stand ein Schreibtisch. Einer der Männer zitierte mich dorthin und fing an, eine Anzeige gegen mich zu schreiben, denn ich hätte gegen die Ausgangssperre verstoßen. Plötzlich schrie jemand: »Das ist doch ein Jude!« Ich drehte mich um und erkannte meinen früheren Klassenkameraden Dermanski. Ein Polizist fragte mich: »Stimmt das? Bist du ein Jude? Und wo ist deine Armbinde?« Ich warf einen ganz erstaunten Blick auf meinen linken Arm, als ob ich überrascht sei, und erklärte dem Polizisten, daß sich die Armbinde wohl bei der Fahrt mit dem Lastwagen gelöst haben müsse. Meine Antwort veränderte die Stimmung im Raum völlig. Sie kam für die Umstehenden einem mehrfachen Schuldgeständnis gleich und löste große Heiterkeit aus. Man hatte einen vagabundierenden Juden um einundzwanzig Uhr arrestiert, der noch dazu keinen Davidstern trug. Für die Polizisten begann ein »Fest«. Zuerst einmal bekam ich zwei schallende Ohrfeigen.

Sie nahmen mir meinen Rucksack weg und leerten ihn auf dem Tisch aus. Hemden und Unterwäsche stopften sie wieder hinein.

Dann öffneten sie die Briefumschläge, die ich dabei hatte. In einem waren Briefe und in dem anderen Bilder. Besondere Aufmerksamkeit schenkten sie den Bildern, auf denen auch Mädchen waren. Sie lachten darüber und verhöhnten mich. Dann fingen sie an, die Briefe zu lesen, und suchten nach irgend etwas Interessantem. Plötzlich rief einer: »Ich habe etwas gefunden!« Alle hörten zu, als er laut vorlas, was Werba, ein Schulfreund aus Lemberg, mir im Frühjahr 1941 geschrieben hatte. Werba hatte die Schule vor Ende des Schuljahres, also vor dem Einmarsch der Deutschen, verlassen. Unter anderem stand da: »Zu unserem großen Glück hat die Rote Armee und nicht der grausame Hitler Lemberg erobert.«

Dieser Satz genügte, um mich eines schweren Verbrechens zu beschuldigen. Meine Erklärungen, daß nicht ich diesen Brief geschrieben habe, daß er nur an mich adressiert sei und ja auch nicht meine Handschrift trage, halfen mir nicht. Sie hörten überhaupt nicht zu und wiederholten immer wieder: »Du hast diese infamen und beleidigenden Worte gegen Hitler geschrieben und wirst darüber Rechenschaft ablegen.« Zwei stellten mich in eine Ecke, verfluchten mich und begannen, mich am ganzen Körper zu schlagen.

Nach einiger Zeit wurden sie müde. Ich aber mußte stehenbleiben. Ein zweites Paar trat an und setzte die Prügel fort. Als ob dem nicht genug sei, fing einer an, mit dem Gewehrkolben auf mich einzuschlagen. So ging es mit kurzen Pausen zwei Stunden lang. Bis heute kann ich noch nicht verstehen, woher ich die Kraft nahm, diese Mißhandlungen zu ertragen.

Ich war sicher, sie wollten mich totschlagen. Ich hörte, wie ein Polizist zum anderen sagte: »Was der aushält! Wie kann er das noch ertragen, das ist ja unmenschlich!« Ich konnte kaum mehr sehen. Mein Gesicht war geschwollen und blutig, und in den wenigen Minuten, in denen sie nicht schlugen, war ich in einem halb bewußtlosen Zustand. Sie waren aber noch nicht fertig mit mir. Ein Polizist reichte mir eine Scheibe Brot, die mit einer farbigen Flüssigkeit getränkt war. Ich weigerte mich, das Brot zu essen, aber zwei andere versuchten mit aller Kraft, mir das Brot in den Mund zu stopfen. Ich wehrte mich verzweifelt, und zum Schluß gaben sie auf.

Die ganze Bande ging dann, bis auf einen, der auf mich aufpaßte, zur Beratung in ein Nebenzimmer. Anscheinend wußten sie nicht, was sie mit mir machen sollten. Wenn ich zusammengebrochen oder in Ohnmacht gefallen wäre und zu ihren Füßen gelegen hätte, hätten sie mich solange geschlagen, bis ich nicht mehr lebte. Aber solange ich noch, wenn auch mit großen Schwierigkeiten, vor ihnen stand, war das für sie ein Problem, das einer anderen »Lösung« bedurfte.

Nach etwa zehn Minuten kamen alle in das Zimmer zurück. Einer, der mich vorher geschlagen hatte, trat ganz nah an mich heran und fragte, ob ich Mitglied des Komsomol, der kommunistischen Jugendbewegung, gewesen sei. Ich sagte, daß ich nie dem Komsomol oder einer anderen politischen Bewegung angehört hätte. Eine weitere, von Flüchen begleitete Ohrfeige traf mich. Jetzt konnte ich die Schläge aber kaum noch spüren. Mein Körper war anscheinend während der letzten zwei Stunden immun geworden. Vielleicht schützten mich auch die Schwellungen vor Schmerzen und schlimmen Verletzungen. Er wiederholte wieder und wieder dieselbe Frage und warnte mich, daß, wenn ich nicht zugäbe, ein aktives Mitglied des Komsomol gewesen zu sein, man mich erschießen würde – ich hätte also die Wahl. Ich blieb bei meinem Nein.

Jetzt nahm einer der Polizisten ein Gewehr in die Hand und tat so, als würde er es durchladen. Ein zweiter faßte mich am Arm und führte mich durch einen Hausflur zu einer Kellertreppe. Der andere ging nach unten, öffnete die Kellertür, leuchtete mit einer Taschenlampe in den Raum und rief uns hinunter. Der Keller war eine in den Lehm gehauene Grube und hatte weder einen Fußboden noch Putz an den Wänden.

Der Polizist mit der Taschenlampe stellte mich an die Wand. Der zweite stand mit seinem Gewehr vor mir, richtete es auf meinen Kopf und sagte: »Das ist deine letzte Chance zu gestehen. Wenn du leugnest, daß du Mitglied des Komsomol warst, jage ich dir eine Kugel durch den Kopf.« Ich antwortete wieder: »Nein, ich bin nie Mitglied des Komsomol gewesen.« Er drückte aber nicht auf den Abzug, und sein Kollege machte die Taschenlampe aus. Ich habe noch sehen können, daß er das Gewehr umdrehte und der Kolben jetzt auf mich gerichtet war. Ich wußte, daß ich einen Stoß oder Schlag mit dem Kolben bekommen würde. Im Bruchteil einer Sekunde neigte ich meinen Oberkörper zur Seite, ohne meine Beine zu bewegen. Der Stoß traf die Wand. Ein dumpfer Ton war zu hören, Holz splitterte. Die Taschenlampe ging an, und ich stand schon wieder gerade, mit gesenktem Kopf. »Der Schuft hat den Gewehrkolben zerbrochen«, sagten sie. Beide waren verblüfft, mich aufrecht zu sehen, denn sie waren sicher, daß der Gewehrkolben mich verletzt hatte. Ich war von den früheren Schlägen aber so entstellt, daß man nicht genau sehen konnte, ob mich dieser Stoß noch mehr verletzt hatte oder nicht.

Beide fingen an zu fluchen, zerrten mich wieder die Treppe hinauf in den Wachraum, und der Polizist, der mich hatte erledigen wollen, sagte: »Es ist mir ein Rätsel. Ich verstehe nicht, wie dieser Saujude, dieser Teufel, der wie ein Kind aussieht, drei Stunden Folter ertragen kann, ohne einen Laut von sich zu geben. Er weint nicht, er schreit nicht, er bittet nicht um Erbarmen, er steht nur da wie an einem Schandpfahl. Das kann kein Jude sein! Solche Juden gibt es nicht!« Dann gingen sie wieder zur Beratung aus dem Zimmer.

Inzwischen kam mein Klassenkamerad Dermanski, dem die »Vorstellung« sicher Spaß gemacht hatte, auf mich zu und zerrte grob an meinen Haaren, die in Woroniaki recht lang gewachsen waren. Ich weiß nicht, wo ich den Mut hernahm, aber von ihm war ich nicht bereit, das zu erdulden. Mit aller Kraft schubste ich ihn von mir weg, er flog nach hinten und knallte an die Tür. Wütend schaute er mich an und sagte: »Du Pestkerl, wir werden dich noch heute abend begraben!« Als aber die anderen zurückkamen, erzählte er ihnen nichts von diesem Zwischenfall.

Der einzige, der mich nicht geschlagen hatte, anscheinend der Kommandant, fing an, Befehle zu erteilen. Die beiden Polizisten, die mich vorher in den Keller geführt hatten, begleiteten mich auch jetzt wieder. Die Tür stand offen, aber diesmal ging ich nicht die Treppen hinab. Meine Begleiter packten mich an den Armen und stießen mich mit aller Kraft. Ich schlug die Stufen hinunter, bis ich auf dem Kellerboden lag. Sie machten die Taschenlampe an, sahen mich reglos daliegen und waren anscheinend zufrieden. Trotz der Verwirrung meiner Sinne hörte ich, wie das Vorhängeschloß an der Tür einschnappte. Es wurde still.

Nach etwa zehn Minuten, die ich in der Dunkelheit gelegen haben mußte, hörte ich Schritte, die sich näherten. Das Schloß wurde geöffnet, die Tür knarrte in den Scharnieren, und jemand schüttete einen Eimer Wasser über mich. Sie glaubten wohl, daß ich im Sterben lag. Um aber am nächsten Morgen das Spiel weitertreiben zu können, gaben sie mir als »Ermunterungsspritze« einen Eimer kalten Wassers.

Zum ersten Mal seit Beginn der Folter war ich allein. Endlich konnte ich etwas ausruhen und versuchen nachzudenken, ohne andauernd die Bewegungen meiner Quäler beobachten zu müssen. Bis jetzt hatte ich standgehalten, aber meine Kräfte drohten mich zu verlassen, und ich hatte Angst, es nicht mehr lange auszuhalten.

Sie würden mich totschlagen, das war mir klar. Hatte ich mich aus der »Hölle« gerettet, um in diesem Gefängnis umzukommen? War es mein Schicksal, hier in Jagielnica zu sterben?

Trotz meiner Schmerzen versuchte ich aufzustehen. Es gelang. Ich tastete mich an der Wand entlang und dachte an die Geschichten von Jules Verne, in denen immer eine Möglichkeit zur Flucht bestand. Ich klopfte an die Wände, um vielleicht einen Hohlraum zu entdecken. Aber die Wände waren stumm. Unterhalb der Decke sah ich an einer Seite eine kleine vergitterte Luke, durch die ein wenig Nachtlicht von außen hereinkam. Die Eisenstäbe waren jedoch fest einbetoniert, das konnte ich fühlen.

Auf meinem Gesicht spürte ich Tropfen von Blut oder Wasser. Ich langte in meine Hosentasche nach einem Taschentuch und fand mein Taschenmesser, das ich normalerweise immer bei mir trug. Erst jetzt wurde mir bewußt, daß die Polizisten, die voller Eifer meinen Rucksack auseinandergenommen hatten und mit den Bildern und Briefen beschäftigt waren, vergessen hatten, meine Taschen zu durchsuchen.

Mein Taschenmesser mit seinen vielen Klingen gab mir neue Kraft. Ich begann, die Tür abzutasten und konnte spüren, daß sie aus unbearbeiteten, etwa zwei Zentimeter dicken Holzbrettern bestand, die oben und unten und diagonal von einer Latte zusammengehalten wurden. In der Höhe des Türschlosses etwa fühlte ich auf der Innenseite der Tür zwei nach unten gebogene Eisenspitzen, die in das Holz geschlagen waren. Es mußten die Enden des U-Hakens sein, an dem außen das Vorhängeschloß hing.

Auch ohne die Phantasie eines Jules Verne war mir klar, was ich zu tun hatte: das Holz um den U-Haken herum auszuschneiden, die Tür aufzustoßen und zu fliehen. Trotz meiner körperlichen und seelischen Erschöpfung ging ich sofort an die Arbeit. Ich zog mit meinem Taschenmesser einen Bogen um die Eisenenden, setzte noch einmal an und zog die Rille wieder und wieder nach. Jedesmal ging die Klinge einen viertel oder einen halben Millimeter tiefer ins Holz. Es war eine äußerst mühsame und langwierige Arbeit, denn ich durfte ja kein Geräusch dabei machen. Zwanzig oder dreißig Mal bin ich umgefallen vor Müdigkeit und Erschöpfung und glaubte, ich kann nicht mehr. Dann stand ich wieder auf, nahm eine andere Klinge und machte weiter.

Nach etwa drei Stunden hatte ich es geschafft: Das Messer kam an der anderen Seite wieder heraus. Ich habe das Stück Holz aus der Tür gedrückt, die sich daraufhin öffnete. Holz, U-Haken und Vorhängeschloß hingen jetzt lose an dem Riegel, der am Türrahmen befestigt war. Ich ging hinaus, lehnte die Tür wieder an und drückte den Holzblock samt Schloß wieder in das Loch, so daß in der Dunkelheit nichts zu erkennen war. Weil ich das Holz zufällig konisch ausgeschnitten hatte, saß es jetzt so fest in der Tür wie ein Korken im Flaschenhals. Niemand würde so schnell etwas merken.

Ich ging leise die Treppe hoch und durch den Flur zurück zu der »Folterkammer«, in der ich nach meiner Festnahme zuerst verhört worden war. Die Tür stand auf. Zwei Polizisten lagen auf Feldbetten und schnarchten laut. Sie schliefen den »Schlaf der Gerechten« nach der schweren Arbeit, die ich ihnen bereitet hatte. Auch aus dem Nebenraum hörte ich Schnarchen. Auf dem Tisch lagen Pistolen. Ich ging ganz leise daran vorbei zu der Tür, durch die ich in dieses Haus getreten war. Sie war aber verschlossen, und der Schlüssel steckte nicht im Schloß. Ich versuchte, ein Fenster zu öffnen, aber es ging nicht. Das zweite ließ sich ein Stück aufmachen, wenn ich es aber ganz öffnen wollte, um hinauszukommen, mußte ich erst einen kleinen Schrank beiseite schieben.

Jetzt fingen die Schwierigkeiten erst an. Die kleinste Berührung ließ die Gläser, die in dem Schrank standen, klirren. Ganz vorsichtig schob ich ihn zur Seite, bis er weit genug vom Fenster entfernt stand. Falls die Polizisten aufwachten, hatte ich mir überlegt, einen der Revolver zu nehmen, ihnen damit zu drohen, den Schrank umzustürzen und aus dem Fenster zu springen. Glücklicherweise ist aber niemand aufgewacht. Als ich auf die Fensterbank stieg, sah ich, daß der Boden an dieser Seite des Hauses viel tiefer lag als da, wo wir hineingekommen waren. Aber jetzt, da nur ein Sprung zwischen meiner Freiheit und dem weiteren »Vergnügen« mit meinen Quälern lag, wählte ich die Freiheit und sprang.

Unten angekommen, fragte ich mich, wo ich jetzt hin sollte. Zuerst mußte ich natürlich nach Hause gehen, um meinen Eltern mitzuteilen, daß ich in Jagielnica angekommen war. Aber dann, noch vor der Morgendämmerung, wollte ich in die nahen Wälder fliehen und von dort wieder in ein anderes Dorf in der Umgebung von Woroniaki zurückgehen.

Als ich mich unserem Haus näherte, empfing mich der Hund mit lautem Bellen und weckte die ganze Familie. Ich trat ins Haus. Als sie mich sahen, gerieten meine Eltern und Geschwister in große Erregung. Meine Mutter weinte sehr. In den letzten Monaten hatten sie immer wieder annehmen müssen, daß ich nicht mehr am Leben war; man hatte von Morden überall in der Umgebung, auch in Lemberg, gehört, und auch wenn ich meinen Eltern aus Woroniaki manchmal eine Nachricht hatte zukommen lassen, so hatten sie doch nie eine Adresse von mir gehabt. Ein Jahr lang hatten wir uns nicht gesehen. Jetzt stand ich halb totgeschlagen vor ihnen.

Sie fragten mich aus, was passiert war, wann und wie ich angekommen sei und vieles mehr. Ich erzählte, so gut ich konnte, was ich seit meiner Ankunft gestern abend in Jagielnica erlebt hatte. Als ich sagte, ich müsse noch in der Nacht wieder fortgehen, waren alle, besonders meine Mutter, dagegen. Sie wollte mich jetzt bei sich

Ich schnitt das Schloß aus.

Die Kellertür im Polizeigefängnis von Jagielnica. Skizze 1995.

behalten und nicht wieder fortgehen lassen. Ich versuchte ihr klarzumachen, daß mein Ausbruch aus dem Polizeirevier ein schweres Verbrechen sei und Grund genug, mich sofort wieder ins Gefängnis zu werfen und vor ein Schnellgericht zu stellen.

Irgendwann kam jemand auf den Gedanken, daß die Polizei vielleicht die ganze Familie verhaften könnte, um sie zu zwingen, mich auszuliefern. Das war ein Argument, an das ich gar nicht gedacht hatte. Ich blieb also doch. Ich bat noch um eine Tasse Tee, wusch mir das Gesicht und fiel todmüde auf ein Bett. Sofort war ich eingeschlafen.

Am nächsten Morgen um halb neun kamen zwei Polizisten, die zu meinen »alten Bekannten« gehörten. Einer weckte mich auf seine Weise mit einem heftigen Schlag auf den Rücken. Ich mußte aufstehen und mit aufs Polizeirevier gehen. Später erfuhr ich, was sich dort am frühen Morgen abgespielt hatte. Ein Polizist war in den Keller gegangen, um nach mir zu sehen. Er hatte wie immer das Vorhängeschloß und die Tür geöffnet, aber zu seinem großen Erstaunen war der »Teufel« weg. Sie konnten sich mein Verschwinden nicht erklären und wußten nicht, wo sie mich suchen sollten. Ratlos gingen sie zu meinem »Kameraden« Dermanski, der ihnen die Adresse meiner Eltern gab. Daher gelang es ihnen, mich so schnell zu finden und wieder festzunehmen.

Als wir beim Polizeirevier ankamen, stand vor der Eingangstür eine Gruppe von Menschen, die zu meinem »Empfang« gekommen waren. Alle wollten mich sehen, als wäre ich eine wichtige Persönlichkeit. Der Kommandeur, der einzige, der mich am vergangenen Abend nicht geschlagen hatte, kam auf mich zu und sagte: »Komm mit mir!« Er ließ keinen der anderen Polizisten ins Zimmer herein und forderte mich auf, an seinem Schreibtisch Platz zu nehmen: »Bitte setze dich.« Ich wunderte mich über diese plötzliche Höflichkeit. Er setzte sich mir gegenüber und sagte: »Vergiß, was gestern abend geschehen ist. Ich verspreche dir, daß dich niemand mehr belästigen wird, unter der Bedingung, daß du mir erzählst, wie du hier herausgekommen bist.«

In diesem Moment wurde mir klar, daß sie den ausgeschnittenen Holzblock nicht entdeckt hatten. Was sollte ich jetzt sagen?

Ich tat, als ob ich auf den Wunsch des Kommandanten einginge, und sagte: »Als ich in der Nacht im Keller lag, wurde plötzlich die Tür geöffnet und jemand sagte zu mir: ›Du kannst nach Hause gehen‹. Da bin ich natürlich gegangen.« Der Mann mir gegenüber verlor seine Freundlichkeit und sagte scharf: »Glaub doch nicht, daß wir Idioten sind! Ich schlage dir vor, hier und sofort die Wahrheit zu sagen!« Er war zornig, öffnete die Schreibtischschublade und holte einen Revolver heraus. Als ich nichts sagte, drohte er: »Wenn du in einer Minute nicht sprichst, jage ich dir an Ort und Stelle eine Kugel durch den Kopf.« Ich nahm seine Worte ernst und erzählte ihm, wie es wirklich war.

Er wandte seinen Blick nicht von mir, lächelte, und ich merkte, daß er mir nicht recht glauben konnte. Dann stand er auf und befahl einem Polizisten, im Keller nachzuprüfen, ob der U-Haken aus der Tür herausgezogen werden könne. Nach einigen Minuten kam der Polizist zurück und hielt den Holzbolzen mit dem Vorhängeschloß in der Hand. Der Kommandant nahm ihm das Stück ab und forderte ihn auf, hinauszugehen. Er drehte das Holz in der Hand hin und her und sagte schließlich zu mir: »Du gefällst mir, du bist ein gerissener Junge, ein Molodiec!« Er nahm einen Bogen Papier. »Ich werde jetzt einen Bericht darüber schreiben, was hier vorgefallen ist, und du wirst ihn unterzeichnen.«

Ich wußte, daß meine Lage jetzt viel besser war als gestern abend. Ich war ja schon »draußen« gewesen und hatte von der »Nachtvorstellung« erzählt, die leicht zum Tagesgespräch des Städtchens werden konnte. Deshalb mußte ein offizielles Protokoll angefertigt werden. Nach einiger Zeit war der Kommandant mit dem Schreiben fertig und verlangte meine Unterschrift. Ich wollte erst lesen, er war einverstanden. Zweimal las ich den Bericht durch und weigerte mich dann zu unterzeichnen. »Vieles ist nicht richtig dargestellt«, sagte ich zu ihm. Er überlegte einen Moment und machte einige Abänderungen. Im Protokoll stand jetzt, daß ich gegen die Sperrzeit verstoßen hätte, in Untersuchungshaft genommen worden war und nach Hause entflohen sei. Die grausamen Prügel waren ebensowenig erwähnt wie das Aufbrechen der Tür. Dennoch, ich unterzeichnete das Protokoll.

Der Mann stand auf, ging einige Male im Zimmer hin und her und sagte dann: »Bis wir einen Entschluß fassen, was mit dir geschehen soll, werden wir dich zurück in den Keller bringen, aber nicht, bevor wir dich gründlich durchsucht und das Schloß repariert haben.« Ich schlug ihm vor, allein in den Keller zu gehen, und versprach, nicht zu fliehen, selbst wenn die Tür offenbliebe. Zu meinem Erstaunen war er damit einverstanden. Ich ging in den Keller hinunter.

Inzwischen hatte mein Vater seine Beziehungen zu ukrainischen Kreisen eingesetzt, um meine Freilassung zu erreichen. Ich spürte das sofort. Man behandelte mich viel besser, und meine Schwester bekam die Erlaubnis, mich im Keller zu besuchen und mir Brote zu bringen. Auch mein Onkel, der ein Elektrogeschäft besaß und zufällig gerade im Polizeirevier arbeitete, besuchte mich und erzählte mir, daß man bei der Polizei überlege, mich freizulassen. Ich verbrachte die Nacht im Keller bei offener Tür. Meine Totschläger kamen mich nicht mehr besuchen.

Am Morgen wurde ich zum Kommandanten gerufen. Ich mußte eine Verpflichtung unterschreiben, mich dreimal am Tag auf der Wache zu melden, und wurde freigelassen. Es wunderte mich schon. Schließlich war meine Flucht ein schwerer Gesetzesverstoß gewesen, und mehr noch: Daß ein jüdischer Junge die Tür des Polizeigefängnisses aufgeschnitzt hatte, war eine unglaubliche Beleidigung für die ukrainische Polizei. Allein die guten Beziehungen meines Vaters waren der Grund dafür, daß ich damals am Leben geblieben bin.

Am Tag der Entlassung meldete ich mich noch zweimal bei der Polizei, aber am nächsten Tag ging ich nicht mehr hin. Diejenigen, die mich freibekommen hatten, hatten so gründlich vorgesorgt, daß ich nichts mehr zu befürchten hatte. Allerdings kamen die Polizisten nun jede Nacht, um zu sehen, ob ich noch da war. Sie klopften ans Fenster, Vater machte auf, und dann sahen sie in unsere Schränke und nahmen alles mit, was ihnen gefiel. Niemand sagte ein Wort. Hauptsache, ich war noch am Leben.

Mein Glück war, daß eine Woche nach meiner Verhaftung die Polizisten in eine andere Stadt versetzt wurden und andere, die nichts von der Angelegenheit wußten, nach Jagielnica kamen. Das hatte System. Die Deutschen hatten kein Vertrauen in die ukrainische Polizei. Sie haben die Truppen nach einiger Zeit immer ausgewechselt und setzten die Einheimischen in der Regel niemals dort ein, wo sie wohnten, denn sie wollten nicht, daß sie die Bevölkerung kannten und die Bevölkerung sie. Ich hatte noch einmal Glück gehabt und hörte auf, darüber nachzudenken, ob ich wieder untertauchen sollte. Das Taschenmesser, das ich heute noch besitze, habe ich nach meiner Flucht aus dem Polizeikeller sofort meinem Vater gegeben.

»Judenfrei«

Die deutsche Ordnung

Ich wurde wieder ganz und gar Jude. Durch die weiße Armbinde mit dem blauen Davidstern, die wir auch in Jagielnica tragen mußten, war ich für jeden als Jude zu erkennen, und alle Einschränkungen, denen die jüdische Bevölkerung unterworfen war, galten auch für mich.

Wir konnten nicht mehr mit dem Bus oder mit der Bahn wegfahren. Unsere Radios mußten wir abgeben. Wer im jüdischen Wohnviertel wohnte, durfte es nicht mehr verlassen, und wer außerhalb wohnte, mußte sein Haus oder seine Wohnung für Ukrainer oder Deutsche »freimachen«. Wir sollten keinen Kontakt mehr zur polnischen Bevölkerung haben. Das schlimmste aber war, daß wir jederzeit zu Zwangsarbeiten bereitstehen mußten.

In Jagielnica war, wie in den meisten anderen Städten, ein sogenannter »Judenrat« eingesetzt worden, der die Interessen der Jüdischen Gemeinde den deutschen Behörden gegenüber vertreten sollte, in Wirklichkeit aber zu Handlangerdiensten für die Gestapo gezwungen wurde. Meist bestand der Judenrat aus etwa zehn jüdischen Männern des Ortes, darunter auch Rabbiner, die das Vertrauen der Bevölkerung besaßen. Die meisten waren nicht freiwillig dort, sondern von der Gestapo ernannt worden.

Die Mitglieder des Judenrats hatten eine äußerst schwierige Aufgabe. Sie mußten ständig gegen die Interessen eines Teils der jüdischen Bevölkerung handeln, um die Forderungen der Gestapo zu erfüllen und, wie sie dachten, Schlimmeres abzuwenden. Viele waren sehr unglücklich über ihre Rolle. Wenn zum Beispiel ein Gestapo-Mann kam und sagte: »Gebt mir hundert Juden, stellt mir eine Liste von hundert jungen Leuten zusammen, ich komme nächste Woche wieder...«, dann mußte der Judenrat sie auswählen. Aber wen sollte er »geben«? David, Shlomo, Moshe? Warum nicht einen anderen? Für die Deutschen war es eine Erleichterung, wenn sie die Auswahl den Vertrauenspersonen der Gemeinde überließen; umso sicherer kamen die Jungen, und wenn sie nicht kamen, mußten sie verschwinden und sich zu verstecken suchen.

Ich versuchte, mich in der Stadt wieder einzuleben und auf allen möglichen Gebieten zu helfen. Eines Tage wurde ich zum Judenrat gerufen und gebeten, die Brotverteilung in die Hand zu nehmen. Die Menschen in der Stadt bekamen monatlich Lebensmittelkarten, und Brot war für uns alle das Wichtigste. Ich fand einen Laden, in dem das Brot gelagert werden konnte, und mit Hilfe eines Freundes organisierte ich die Verteilung. Zu Hause drehte sich das Gespräch meist nur um ein Thema: Was wird uns in der nahen Zukunft bevorstehen?

Der Ring um uns wurde von Tag zu Tag enger. Immer wieder gab es neue Beschränkungen und Erlasse. Bald gab es keine jüdischen Geschäfte mehr, in denen man einkaufen konnte, und jüdische Bankkonten wurden »beschlagnahmt«. Einmal sollten Juden einen Riesenbetrag als »Bußgeld« an die Gestapo zahlen. Die Gestapo drohte, anderenfalls alle Männer aus Jagielnica in ein Arbeitslager zu bringen, was gleichbedeutend war mit Hunger, Schlägen, Gefangenschaft.

Insbesondere jüngere Juden suchten im Frühjahr 1942 nach einer Möglichkeit, mit einem falschen Namen unterzutauchen, obwohl dieser Versuch mit großer Gefahr verbunden war. Auch ich begann mich für die verschiedenen Fälschungsmethoden von Dokumenten und Stempeln zu interessieren. Ich fand Artikel über Geheimtinten und verschiedene chemische Stoffe, mit deren Hilfe Stempel kopiert werden konnten. In der Apotheke gab es zwar nur einen Teil dieser Stoffe; den Rest erhielt ich aber vom Leiter des Elektrizitätswerks in der Tabakfabrik, einem Herrn Kubisch, der Volksdeutscher war. Ich übte das Fälschen von Stempeln, und nach einiger Zeit gelang es mir so gut, daß die Kopie kaum vom Original zu unterscheiden war.

Für alle Fälle sammelte ich eine größere Zahl von Ausweisen und Dokumenten und bereitete mir einige so vor, daß ich sie zu gegebener Zeit benutzen konnte. Letztlich brauchte ich sie dann aber nicht. Immer, wenn ein Verdacht bezüglich der jüdischen Identität eines Mannes aufkam, verlangten die Deutschen oder Ukrainer von ihm, die Hosen herunterzulassen. Diesen »Stempel« konnte man nicht fälschen.

Mein Vater arbeitete immer noch in der Tabakfabrik. Nach Monaten der Ungewißheit war im Oktober 1941 ein in Wien geborener Deutscher in die Stadt gekommen, Ludwig Semrad, der zum Leiter des »Tabak- und Zigarettenmonopols« in Ostpolen und zum Generaldirektor unserer Fabrik ernannt worden war. Da die Tabakfabrik von Jagielnica die größte und modernste in Ostgalizien war, bezog er ein Büro in unserer Fabrik und wohnte seitdem auch dort. Mit ihm kam seine junge, hübsche Sekretärin Wanda, Tochter eines Professors aus Krakau, die von Beruf Agronomin war. Bald stellte sich heraus, daß zwischen beiden eine heiße Liebesbeziehung bestand. Sie wollten heiraten, obwohl Wanda Polin war. Wanda haßte die Nazis, die ihr Heimatland erobert hatten, und gab ihren Gefühlen oft deutlich Ausdruck.

Mein Vater wurde von Herrn Semrad zu einem Gespräch gerufen und hatte den Eindruck, daß der neue Fabrikdirektor vieles über ihn wußte. Er war von der Verwaltungsabteilung des Monopols in Krakau informiert worden. Das wichtigste für uns war Semrads Zusicherung, mein Vater sollte weiter als technischer Leiter der Fabrik arbeiten, was in dieser Zeit außergewöhnlich war. Es gab aber einfach niemanden, der meinen Vater hätte ersetzen können, so daß die deutschen Behörden sich mit ihm, einem Juden, abfinden mußten. Zigaretten waren wichtig, rar und begehrt, besonders auch bei der Deutschen Wehrmacht, an die der größte Teil der Produktion geliefert wurde. Vater konnte sich zu dieser Zeit als verhältnismäßig geschützt betrachten, denn er war ein »für die Kriegsanstrengungen wichtiger Jude«.

Nachdem er Herrn Semrad einige Monate lang kennengelernt hatte, bat er ihn, mich in der technischen Abteilung der Fabrik anzustellen.

Zum Arbeiten aber mußte man volljährig sein, das heißt einundzwanzig Jahre alt. Mein Vater hat mich deshalb in den Dokumenten älter gemacht, als ich war. Wir waren alle älter in diesem Krieg, weil uns die Lage dazu gezwungen hat. Ich habe Jungen gesehen, die zehn waren und handelten wie Erwachsene. Kleine Kinder, die normalerweise weinen und unruhig sind, haben verstanden, wenn sie im Keller saßen, daß sie den Mund nicht öffnen durften, denn oben suchte jemand nach ihnen, es war Gefahr.

Auch ich habe immer versucht, die Lage genau einzuschätzen, um durchzukommen und nicht getötet zu werden. Natürlich habe ich mich auch manchmal unlogisch verhalten, wenn die Angst groß war. Aber wenn es möglich war, habe ich alles genau geplant und durchdacht. Meine eigenen Gedanken waren die einzige Freiheit, die mir verblieb. Sie kreisten vor allem um die Anstrengungen des Überlebens.

Herr Semrad war einverstanden, daß ich ab Frühjahr 1942 in der Tabakfabrik arbeitete. Ich ging nun morgens mit meinem Vater zur Arbeit, begleitete ihn bei der Wartung der Anlagen und fertigte an der Drehbank Ersatzteile, wenn manchmal etwas kaputtgegangen war.

Ich freundete mich in der Fabrik mit einigen polnischen, christlichen Mitarbeitern der Abteilung an, vor allem mit Wladek Kowalow, der meinen Vater manchmal vertrat. Natürlich sprachen wir oft über die Lage der Juden und die Nachrichten von der deutsch-russischen Front. Ich gewann bei diesen Gesprächen den Eindruck – und später stellte sich heraus, daß ich recht gehabt hatte –, daß die Mehrheit der Polen und Ukrainer durchaus damit einverstanden war, wie wir Juden von den Deutschen behandelt wurden. Schon damals, noch vor Beginn der Deportationen in die Vernichtungslager, warteten sie auf den Tag, an dem ihre Städte »judenrein« sein würden. Ich war mir früh bewußt, daß keine Aussicht bestand, im Notfall von dieser feindlich gestimmten

Im Notfall würde uns niemand helfen.

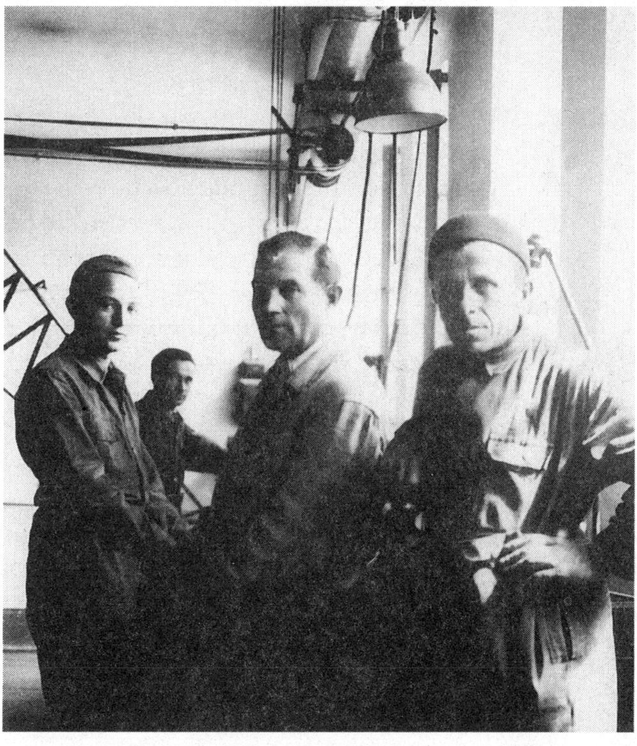

In der Werkstatt der Tabakfabrik, Jagielnica 1942.

Bevölkerung Hilfe zu erhalten. Diese Gewißheit deprimierte mich. Es war im Grunde – von wenigen Ausnahmen abgesehen – gar nicht daran zu denken, in einem Dorf der Umgebung als Jude aufgenommen zu werden oder bei einer polnischen Familie Unterschlupf zu finden.

Wir wußten nicht, welche Zukunft uns erwartete. Die Meinungen darüber waren unterschiedlich. Wir hatten keine Ahnung von den Beschlüssen der »Wannseekonferenz«, die im Januar 1942 in Berlin unser Schicksal besiegelten. Aus den Reden des »Führers« aber, die seit Kriegsbeginn auch in polnischen Zeitungen manchmal abgedruckt wurden, war deutlich zu verstehen, was die Nationalsozialisten mit uns vorhatten. Wir konnten es nicht ernstnehmen.

Am Morgen eines Augusttages im Jahr 1942 umstellten ukrainische Polizisten und Gestapoleute das Wohnviertel der Juden, durchsuchten die Häuser, verhafteten alle Juden, die sie fanden und führten sie auf den Kirchplatz, der als Sammelpunkt bestimmt war. Wer nicht mitgehen wollte, bekam Schläge mit Stöcken, und manche kleinen Kinder hat man den Müttern entrissen und mit dem Kopf an die Wand geschlagen. Viele, die zu fliehen versuchten, wurden erschossen.

Auch in unser Haus kamen die Polizisten. Es war aber leer. Mein Bruder Moses spielte mit polnischen Nachbarskindern, und meine Mutter hatte sich bei Nachbarn versteckt. Vater, meine Schwester und ich waren schon bei der Arbeit in der Fabrik. »Befehlsgemäß« ging die »Aktion« genau um zehn Uhr zu Ende, und die Hausdurchsuchungen und Verhaftungen hörten auf. Hunderte von Juden, die auf dem Kirchplatz zusammengetrieben worden waren, mußten zum Bahnhof marschieren und dort in Güterwagen steigen. Was mit den Menschen geschah, erfuhren wir nicht.

Wir lernten, was »Aktion« hieß. Wir konnten uns jetzt vorstellen, wie wir mit dem zweiten oder dritten »Transport« verschleppt oder bei einem Fluchtversuch erschossen würden. Merkwürdigerweise glaubten viele Juden, daß die Grausamkeiten ein einmaliger Vorfall seien. Ich konnte schon damals nicht verstehen und verstehe bis heute nicht, warum »Aktionen« immer so verharmlost wurden. Anscheinend war es ein tiefes Bedürfnis. Für Menschen, die schon Schreckliches erlebt hatten, war es leichter, in der Hoffnung zu leben, nun werde eine neue Zeit beginnen, als der Wirklichkeit ins Auge zu sehen. Einige versuchten allen, die bereit waren zuzuhören, zu erklären, daß die Deutschen nicht einfach alle Juden ermorden könnten und daß solche Gewalttaten sich bestimmt nicht wiederholen würden.

Aber die erste »Aktion« im Sommer 1942 war nur der Auftakt, eine Art Einleitung zu immer neuen Gewalttätigkeiten. In vielen Nachbarstädten war es zu ähnlichen »Aktionen« gekommen. Die Gestapo erschien immer öfter beim Judenrat und forderte ihn auf, Männer zur Arbeit in weit entfernten Arbeitslagern zu stellen. Zur selben Zeit bereiteten sie in der Umgebung ein Gelände mit Baracken und Stacheldrahtzäunen als Arbeitslager vor, fünfhundert Meter von der Zigarettenfabrik entfernt. Es war für Juden bestimmt, die bei landwirtschaftlichen Arbeiten und insbesondere auf den nahegelegenen Kautschukplantagen beschäftigt werden sollten. Die Idee, eine Art synthetischen Gummi aus Pflanzen zu erzeugen, war ganz neu. Kurz nachdem sie die Pflanzen angelegt hatten, ließen die Deutschen das Projekt aber wieder fallen, und die Arbeiter verrichteten andere Feldarbeiten.

In den größeren Städten der Umgebung wie etwa der Bezirksstadt Czortkow wurden die Wohnviertel der Juden umzäunt. Niemand durfte sie mehr verlassen. Wen die Gestapo außerhalb erwischte, der wurde erschossen.

In kleineren Städten wie Jagielnica war die Situation etwas offener. Unten am Fluß, wo immer schon viele Juden gewohnt hatten, war das Judenghetto eingerichtet worden, allerdings ohne Zaun oder Stacheldraht.

Nachdem die Juden in Ghettos getrieben worden waren, fing die zweite Welle der »Aktionen« an: Jetzt fiel es der Gestapo leicht, die Juden zu erfassen. Sie waren ja auf engem Raum zusammengepfercht. Aus Angst vor neuen Gewalttaten der Nazis und ihrer Helfer bauten sich die Leute eine Art Bunker. In vielen Häusern hoben sie Löcher im Lehmboden aus. Jede Nacht trugen sie dann etwas Erde hinaus, und wenn sie fertig waren, legten sie Bodenbretter auf das Loch und Teppiche darüber. So konnten sich viele tagelang verstecken, wenn die Situation es erforderte. Aber irgendwann reichte die Verpflegung nicht mehr, und man mußte doch hinausgehen. Wenn man dann einen Polen kannte, der half und Lebensmittel brachte oder verkaufte, konnte man längere Zeit so ausharren.

Vielen Familien gelang es, mit Hilfe dieser »Bunker« eine Weile durchzukommen. Die meisten Menschen sind aber bei weiteren »Aktionen« in das nahe Vernichtungslager Belzec deportiert worden, starben in Arbeitslagern oder in Ghettos.

Auch in Jagielnica gab es im Herbst 1942 weitere Deportationen, bei denen wieder zahlreiche Menschen, auch Angehörige unserer Familie, verschleppt oder getötet wurden.

Wenn die Judenräte von den polnischen Lokomotivführern wissen wollten, wohin die Züge gingen, hörten sie nicht ein Wort. Hätten die Lokomotivführer erzählt, was sie wußten, hätten die Juden vielleicht einen Aufstand gemacht oder wären nicht mehr zu den »Transporten« gegangen. So aber hörte man immer nur: »Ihr fahrt zur Arbeit.«

Nachdem alle Ortschaften der Umgebung für »judenfrei« erklärt worden waren, mußten die Überlebenden sich in den örtlichen Arbeitslagern sammeln. Nur wenige fanden Unterschlupf bei Christen. In allen Ortschaften wurden Schilder mit der Aufschrift »judenfrei« aufgestellt.

In der Fabrik

Schutz unter Deutschen

Durch sehr viel Glück war unsere Familie bei der ersten »Aktion« der Gestapo nicht in die Hände gefallen. Vater, Frida und ich waren bei der Arbeit, meine Mutter und Moses bei Nachbarn. Sofort nach Ende der Verhaftungen kam Wanda, jetzt Semrads Gattin, zu Fuß aus der Fabrik in unser Haus und nahm meine Mutter und den Bruder unter ihrem Schutz mit in die Fabrik. Unsere Familie siedelte mit Erlaubnis von Herrn Semrad in die Fabrik über.

Wir bekamen zwei Zimmer im Keller eines Fabrikgebäudes, in denen früher die Arbeiter gewohnt hatten, die die Dampfkesselanlagen bedienten. Wir beschafften uns Eisenbetten und einen kleinen Tisch sowie eine elektrische Kochplatte, die mit das Wichtigste zum Leben war. Mit uns lebte meine Cousine Shlima, deren Familie bei der »Aktion« verhaftet worden war.

Damals wandten sich viele Juden an Semrad mit der Bitte, sie in der Fabrik anzustellen. Er stellte hauptsächlich Personen mit handwerklichen Berufen an: Mechaniker, Schneider, Kürschner und andere, die auch der deutschen Belegschaft, die zwanzig Mann auf verschiedenen Posten umfaßte, Dienstleistungen erbrachten.

Offiziell zählte die »jüdische Gruppe« etwas mehr als dreißig Personen, die zum nahen Arbeitslager Nagorzanka gehörten. Eigentlich mußten sie jeden Tag nach der Arbeit ins Lager zurückkehren, doch Semrad, der judenfreundlich eingestellt war, ließ sie in leerstehenden Blockhäusern auf dem Gelände der Fabrik wohnen. Offiziell gehörte auch unsere Familie zum Arbeitslager Nagorzanka, obwohl wir nie dort wohnen mußten. Die Gestapoleute nahmen nicht zur Kenntnis, daß auf dem Gelände der Fabrik auch Juden wohnten. Dafür konnten sie neben dem begehrten Tabak auch Wodka von Semrad erhalten, den die Bauern der Umgebung normalerweise für ihren Tabak bekamen. Oft, wenn ein Gestapo-Auto vorfuhr, hielt es auch an dem Schuppen, wo die Spirituosen lagerten.

Die Fabrik war auf dem ehemaligen Schloßgelände des polnischen Königs Jagiello, der Jagielnica den Namen gegeben hatte, eingerichtet worden. Sie lag in einem großen Park etwas oberhalb der Stadt auf einer Anhöhe; wie bei vielen der alten Schlösser und Burgen hatte früher ein Wasserlauf, der Fluß Cerkaska, das Schloß vor Angreifern schützen sollen. Eine hohe Mauer mit Wachtürmen, die wahrscheinlich noch aus dem vorigen Jahrhundert stammten, umgab das Gelände.

Die Fabrik bestand aus vier mehrstöckigen Gebäuden und zwei kleineren Häusern, die als Lagerräume dienten. In dreien der großen Gebäude waren die Tabakbearbeitung, unsere Reparaturwerkstatt und andere Arbeitsräume untergebracht. Das vierte war das Wohnhaus der Deutschen.

Etwa tausend Arbeiter, Männer und Frauen, kamen jeden Morgen in die Fabrik, um den von den Bauern der Umgebung angebauten Tabak zu sortieren und zu bearbeiten. Wenn der frische Tabak aus den Dörfern in die Fabrik kam, sortierten ihn Frauen – auch meine Schwester und meine Cousine arbeiteten jetzt hier – nach der Größe der Blätter und der Art des Tabaks. Sie legten ihn in seitlich offene Holzkisten, die übereinandergestapelt und in die Fermentationskammern gebracht wurden. Nun preßte man heißen Dampf in die Kammern, der die Tabakblätter erhitzte und das Aroma aus den Adern in die Blätter fließen ließ, die dabei gelb wurden. Wenn man die Tür öffnete, war auf dem Boden eine dunkelbraune Flüssigkeit zu sehen. Nach dem Fermentationsvorgang wurden die Kammern abgekühlt und saubergemacht.

Zu wissen, wie der Tabak am besten gepreßt wurde, wie lange er in der Kammer bleiben mußte, damit man eine bestimmte Sorte

Die Deutschen wurden gut bedient. Tabakfabrik in Jagielnica 1942.

gewinnen konnte, war eine Kunst. Unsere Fabrik war dafür bekannt. Nach der Fermentation kam der meiste Tabak in andere Fabriken, wo er zu Zigaretten verarbeitet wurde. Ein kleiner Teil wurde bei uns geschnitten und in Hülsen gepreßt.

In der Fabrik wohnten etwa zwanzig Deutsche. Volksdeutsche und Polen, die in der Fabrik arbeiteten, hatten etwa hundert Meter außerhalb der Fabrikmauern ihre Unterkunft in einem Gebäude, in dem schon vor dem Krieg hohe Beamte des Tabakmonopols gewohnt hatten. Die leitenden deutschen Angestellten aber lebten auf dem Fabrikgelände, denn als Angehörige der Besatzungsmacht hatten sie Angst vor Angriffen. Sie wurden in der Fabrik bestens bedient: Es gab neben der großen Kantine für die Arbeiter eine Küche nur für Deutsche, und jeder deutsche Angestellte hatte ein polnisches Hausmädchen.

Die Wachtürme der Fabrik waren mit bewaffneten polnischen und ukrainischen Wächtern besetzt. Auch am Eingangstor hielten zwei bewaffnete Männer Wache, die alle vier Stunden abgelöst wurden. Für den Zutritt zur Fabrik brauchten Fremde, auch Polizei und Gestapo, einen Erlaubnisschein von Semrad, von einem seiner Stellvertreter oder von dem Kommandeur der Wachmannschaft, der ein Volksdeutscher namens Kominowski war. Diese Anordnung schützte auch uns Juden. Sie gab uns Zeit, uns zu verstecken, wenn die Gestapo »zu Besuch« kam. Wir wußten ja nie, welche Absichten sie hatten.

Eigentlich durften wir die Fabrik nicht verlassen. Ich konnte es aber nicht aushalten, völlig abgeschlossen von der Außenwelt zu leben. Da ich gute Beziehungen zu den Wachleuten hatte, war es mir möglich, nach der Arbeitszeit die Fabrik zu verlassen und später wieder hineinzukommen. Manche Wächter haben einfach weggeschaut.

Von der Fabrik führte eine Straße zum Arbeitslager Nagorzanka, in dem damals etwa vierhundert jüdische Menschen, Männer, Frauen und einige Kinder aus Czortkow, Jagielnica und den Nachbarorten lebten. Wenn ich tagsüber im vierten Stock der Fabrik arbeitete, konnte ich das Lager überblicken und beobachten.

Öfter ging ich dorthin, um mich mit Freunden aus Czortkow zu treffen. Wir begannen Pläne zu schmieden, wie wir uns Waffen besorgen und eine ständige Wache im Lager organisieren könnten, um vor der Ankunft der Gestapo im Lager zu warnen und gegebenenfalls Alarm zu schlagen. Der Erwerb von Waffen war mit vielen Gefahren verbunden, doch die Polen waren immer bereit, uns gegen gutes Geld und Wodka alte Waffen zu liefern.

Im Arbeitslager richteten wir eine jüdische Wachmannschaft ein. Ein junger Mann namens Wassermann wurde zum »Kommandeur« ernannt. Nach kurzer Zeit hatten wir drei Revolver, Handgranaten und etwas Munition. Jedes Paar, das Wache stand, hatte einen geladenen Revolver und drei Handgranaten dabei. Der Gebrauch von Waffen sollte bei der Gestapo für einige Minuten Überraschung und Schrecken hervorrufen. Gleichzeitig sollte ein

Alarmsignal den Bewohnern Zeit und Möglichkeit geben, das Lager zu verlassen und in die nahen Wälder zu fliehen. Obwohl dieses Vorgehen ausführlich besprochen und allen erklärt wurde, gelang es später nicht, es in die Tat umzusetzen, denn die Zeit, die den Menschen zur Verfügung stand, war zu kurz.

Meine Situation unterschied sich von der Lage der anderen jüdischen Arbeiter in der Fabrik. Ich war bei weitem der jüngste unter den dreißig jüdischen Männern. Nachdem ich alle gut kennengelernt hatte, war mir klar, daß es überflüssig und vielleicht auch gefährlich war, sie in die Waffen- und Verteidigungsangelegenheiten einzubeziehen.

An einem Herbstmorgen des Jahres 1942 bekamen wir, die Gruppe der jüdischen Fabrikarbeiter, bei Arbeitsbeginn den Befehl, uns am Haupttor der Fabrik zu versammeln. Mein Vater kam gerade aus Semrads Büro, wo ihm mitgeteilt worden war, daß die Gestapo von allen jüdischen Arbeitern der Fabrik verlangte, sich in der Gestapo-Kommandantur in Czortkow zu melden. Dort sollten sie einen Stempel in das Arbeitsbuch bekommen, der bestätigte, daß sie »für die Kriegsanstrengungen wichtige Juden« seien und daher von Verhaftungen und Deportationen verschont bleiben sollten. Wir versammelten uns bei einem Lastwagen, der bereitstand. Mein Vater setzte sich in die Kabine neben unseren Fahrer, die anderen stiegen auf die Ladefläche. Ich stand zögernd an der Seite und dachte bei mir, warum wir wohl nach Czortkow fahren sollten, wenn die Deutschen wirklich alles so gut organisierten, wie man erzählte. Einen Stempel hätten sie uns doch auch hier in der Fabrik geben können. Ich ging zu Vater und sagte ihm meine Bedenken. Er meinte aber, Herr Semrad habe mit dem »Judenreferenten« der Gestapo, Herrn Köllner, telefoniert, und dieser habe ihm zugesichert, daß alle Juden nach der Kontrolle in die Fabrik zurückkehren könnten. Mir war nicht wohl dabei, aber ich stieg auch auf die Ladefläche und fuhr mit.

Nach zehn Kilometern Fahrt kamen wir beim Gestapogebäude in der Bezirksstadt Czortkow an. In einem großen Hof standen schon viele Juden, die aus verschiedenen Ortschaften gekommen waren. Der »Judenreferent« Köllner saß an einem Tisch und ging seine Listen durch. Ich kannte ihn schon aus der Fabrik. Von weitem habe ich manchmal beobachtet, wie Gestapoleute am Fabriktor standen und sich mit Namen anmeldeten, um von Semrad die Eintrittserlaubnis zu bekommen. Hinterher bin ich dann zu den Wächtern gegangen und habe gefragt, wer war das? Dadurch kannte ich einige Namen der Gestapoleute. Auch wenn ich eine Riesenangst hatte, mich ihnen zu nähern, so merkte ich mir doch ihre Gesichter. Das von Köllner habe ich auch aus einiger Entfernung sofort erkannt.

Gestapoleute standen ringsherum, und um sich die Langeweile zu vertreiben, schlugen sie uns mit Stöcken. Inzwischen kam die Liste mit unseren Namen an die Reihe, und Köllner rief meinen Vater auf: »Du kannst in die Fabrik zurückgehen!«

Wir anderen wurden in das Gefängnis geführt, das dem Gebäude der Gestapo angeschlossen war. Es öffnete sich eine kleine Tür, die in einem Holztor eingebaut war, und wir gingen durch einen großen Hof in einen zweiten, kleineren Hof. Hier erwarteten uns zwei Schläger, die jedem, der hereinkam, eine Tracht Prügel verabreichten. Hunderte von Juden waren schon dort.

In den Hof, der früher für den Freigang der Häftlinge bestimmt gewesen war, kamen Gestapoleute, die Namen aufriefen. Nachdem der Betreffende sich gemeldet hatte, wurde er brutal geschlagen. Wer den Schlägen auszuweichen versuchte, bekam das Doppelte. Ich kannte die Armen nicht und weiß auch nicht, was diesen Schlägen voranging. Ich hatte aber das Gefühl, daß die Schläger ihre Opfer kannten. Von Zeit zu Zeit kamen andere Gestapoleute mit neuen Listen, holten einige Juden heraus und schickten sie anscheinend wieder zu ihrer Arbeit zurück.

Hunderte von Juden standen in kleinen Gruppen von fünf bis dreißig Leuten zusammen und diskutierten über die Lage. Die meisten waren Einwohner aus Czortkow. Sie glaubten, am besten über unsere Zukunft informiert zu sein.

Gegen Mittag kam ein Pferdewagen, den der Judenrat von Czortkow geschickt hatte, in den Hof. Er war beladen mit großen Suppentöpfen und Broten. Ich weiß nicht, wie die Nachricht von außen in den Hof gelangt war, daß in einem der Brotlaibe ein Zettel mit einer wichtigen Meldung stecke. Sofort wurden alle Brote aufgebrochen, und die Suche nach dem Zettel begann. Endlich wurde er gefunden. Die Nachricht verbreitete sich schnell, daß wir innerhalb von zwei Tagen in das berüchtigte Arbeitslager Kamionka gebracht werden sollten, das für seinen grausamen Kommandanten bekannt war. Für diejenigen unter uns, die geglaubt hatten, daß man sie hinrichten würde, war diese Nachricht eine Erleichterung. Für die anderen jedoch, die dachten, daß man sie wieder freilassen würde, war es ein schwerer Schock.

Am nächsten Tag, gegen Mittag, saß ich an eine Mauer gelehnt, die den Hof umgab, und überlegte, was ich machen sollte. Plötzlich erschien ein Polizist mit einer Liste. Ich hatte das Gefühl, daß er meinen Namen aufrufen wollte, und so stand ich auf. Er rief drei Namen: Moser, Danker, Wolkowicz. Alle waren Angestellte der Fabrik. Wir könnten zurückgehen, sagte er zu uns und begleitete uns zum Gefängnistor, das geöffnet wurde. Wir waren draußen. Wir blieben noch einige Minuten stehen, bis wir uns an den Gedanken der Freiheit gewöhnt hatten, und gingen dann auf die Straße. Dort erwartete uns ein Pferdewagen, der uns von der Fabrik geschickt worden war. Es stellte sich heraus, daß Herr Semrad noch einmal mit Köllner telefoniert und ihn gebeten hatte, seine Arbeiter freizulassen. Wir waren die ersten. Es war ein weiterer Beweis seines guten Willens. Später erfuhren wir, daß in diesem Fall besonders Wanda, seine Frau, aktiv geworden war. Nicht alle Arbeiter waren aber freigekommen.

Ein weiteres Mal bin ich später im Gefängnis von Czortkow festgehalten worden. Mein Onkel Wolf, ein Schwager meiner Mutter, wurde nach Czortkow gebracht, um von dort in ein Arbeitslager »transportiert« zu werden. Er und die anderen saßen einige Wochen im Gefängnis, wahrscheinlich war im Arbeitslager noch kein Platz für sie. Sein Sohn Michael, vier Jahre jünger als ich, ging mehrere Male die zehn Kilometer nach Czortkow, um dem Vater Essenspäckchen zu bringen. Einmal habe ich ihn begleitet.

Wir standen vor dem Gefängnistor, um die Päckchen zu übergeben, als zwei Gestapoleute herauskamen und uns unter Schlägen in den Hof führten, wo die anderen saßen, auch mein Onkel. Wir sollten mit auf den »Transport«.

Am nächsten Tag sah ich zu, wie polnische Handwerker in einem Schuppen im Hof ein beschädigtes Auto reparierten. Sie waren aus dem Ort und wunderten sich über mein Interesse; als sie merkten, daß ich etwas von Autos verstand, fragten sie mich, ob ich weitermachen und den Lack auftragen könne, während sie nach Hause zur Mittagspause gingen. Sie zeigten mir, was ich machen sollte, und verließen das Gefängnis. Ich zog mir einen Arbeitsanzug an, der an der Wand des Schuppens hing.

Da kam mir der Gedanke, ob ich vielleicht aus dem Gefängnis kommen könnte, wenn ich so tat, als sei ich aus dem Ort. Noch kannten mich die Gestapoleute ja nur flüchtig, und vielleicht mach ten sie auch gerade Pause.

Ich wagte mich nach einiger Zeit zum Tor. Andere verließen das Gefängnis, und ich ging hinterher. Tatsächlich ließen mich die Wächter in meinem Arbeitsanzug ungehindert hinaus.

Den Onkel und meinen Cousin Michael habe ich nicht mehr wiedergesehen.

Rundfunkempfänger

Nachrichten von der Front

Die zwei Tage, die ich im Gefängnis von Czortkow verbracht hatte, bestärkten meine Auffassung von der schlimmen Lage, in der wir uns befanden, und ich kam zu dem Schluß, daß wir uns wehren müßten, obwohl das unsere Lage nicht sonderlich ändern würde und schon gar keine Garantie für das Überleben war. Ich beschloß, mich nie mehr freiwillig der Gestapo zu stellen, sondern solche Situationen zu vermeiden und das Weite zu suchen.

Nach langen und gefährlichen Verhandlungen mit einem Polen namens Konopnicki, der in der Fabrik arbeitete, gelang es mir, einen Revolver FN 9 mm zu erwerben. So hatte ich endlich eine Waffe in der Hand. Der Grund, warum ich eine Waffe haben wollte, war einfach: Ich wollte mich wehren können. Ich hatte gar nicht vor, mit den Nazis zu kämpfen. Auch wollte ich vorerst nicht die Fabrik verlassen und in die Wälder gehen, wie es manche in dieser Zeit taten, um sich gegen die Nazis zu organisieren oder einfach ihr Leben zu retten. Was ich aber schon öfter gesehen und wovon ich immer wieder gehört hatte, daß nämlich eine kleine Gruppe von Gestapoleuten Hunderte von Juden tötete, weil sie völlig wehrlos waren, das sollte mir nicht passieren. Ich wollte mich im Notfall wehren.

Ich suchte nach einer Erklärung dafür, warum die Juden bei Verhaftungen und »Aktionen« meist nicht zu fliehen oder sich zu wehren versuchten, da ihnen der Tod ja auf jeden Fall sicher war und sie nichts zu verlieren hatten. Ein aus einem »Transport« Geretteter erzählte mir einmal folgendes: »Während des Marsches wußte ich, daß mein Ende nahte und daß man mich bald erschießen würde. Aber die Möglichkeit, daß das vielleicht doch nicht geschah, daß wir vielleicht in ein Arbeitslager geführt würden und ein Wunder geschehen könnte – all diese Möglichkeiten eines ›Vielleicht‹ fingen an, mich zu beherrschen, und ich wollte daran glauben. Diese Utopie war stärker als alle Logik, und ich ging immer weiter und weiter...«

Im Gegensatz dazu stand für mich fest, daß wenigstens der erste Nazi oder Ukrainer, der versuchen würde, mich zu holen, dafür mit seinem Leben bezahlen müßte. Um sicherzugehen, daß mich der Revolver im entscheidenden Moment nicht im Stich ließ, ging ich von Zeit zu Zeit hinunter in die Wasserpumpstation der Fabrik, drehte alle drei Pumpen auf und schoß in einen unterirdischen Kanal einen Schuß ab, der von dem Lärm der Motoren übertönt wurde.

Dann gab ich dem Revolver einen Kuß und steckte ihn wieder in den Gürtel meiner Hose, die ich unter meinem weiten Arbeitsanzug trug. So übte ich jeden zweiten, dritten Tag.

Mir war das eingefallen, als Wladek Kowalow, der Stellvertreter meines Vaters, mir eines Tages das Pumpwerk gezeigt hatte. Er setzte es jeden Morgen in Betrieb, und an einem der folgenden Tage wollte er aus irgendeinem Grund nicht zur Arbeit kommen. »Ich zeige dir, wie das geht«, sagte er zu mir, »dann kannst du mich vertreten.« Wir gingen durch den Park zu einem kleinen Gebäude. Weil die Fabrik erhöht lag, mußte man das Wasser mit zwei großen Motoren hinaufpumpen, die einen Riesenlärm machten. Hier würde mich niemand hören, wenn ich Schießen übte. Das gab mir ein Gefühl der Sicherheit, denn nichts wäre im Ernstfall schlimmer gewesen als eine Pistole, die nicht funktioniert oder ein Schuß, der nicht traf. Dann wäre man schrecklich gefoltert worden.

Wenn ich heute daran denke, frage ich mich immer wieder, warum ich den Mut hatte, mich zu bewaffnen und dieses Risiko einzugehen. Vielleicht dachte ich, wir überleben sowieso nicht. Vor allem aber hatte ich einen tiefen Haß auf Menschen, die, wie ich es in Zloczow erlebt hatte, zu Tieren geworden waren.

Bis zu meiner Befreiung trennte ich mich nicht mehr von meinem Revolver. Mein einziges Problem bestand darin, wie und wo ich ihn in unserer Wohnung verstecken könnte, insbesondere vor den Blicken meines Vaters, den der Gedanke allein schon in Angst und Schrecken versetzt hätte und der sicher nicht damit einverstanden gewesen wäre, daß sein Sohn eine Waffe besitzt. Es gelang mir, das bis zum Tag der Befreiung geheimzuhalten.

Die Zeit verging, und das Jahr 1942 kam zu seinem Ende. Die großen Siege der Deutschen an der Ostfront waren vorbei. Es gelang der Roten Armee endlich, den Vormarsch der Wehrmacht zu stoppen und sie aus vielen Stellungen zurückzudrängen. Wir hörten von Zeit zu Zeit Gerüchte über einen Rückzug der Deutschen, konnten jedoch keine glaubhaften Informationen erhalten.

Rundfunkempfänger gab es nur in den Wohnungen der höheren deutschen Angestellten der Fabrik, die in einem dreistöckigen Gebäude abseits von den anderen wohnten. Ich kannte alle Einwohner und wußte auch, wer in welcher Wohnung wohnte. Da ich mit Wladek Kowalow zusammen in den Wohnungen schon einige Male Reparaturen ausgeführt hatte, besaß ich sogar eine Art Hauptschlüssel, eigentlich ein Dietrich.

Ich beschloß eines Tages, zu beobachten, wer das Gebäude verließ, ging in ein Haus gegenüber dem Eingangstor und sah gegen Mittag zwei Angestellte, die mit Aktentaschen in der Hand in einen Wagen einstiegen und wegfuhren. Ich holte aus der Werkstatt einen kleinen Werkzeugkasten unter dem Vorwand, eine Reparatur im Wohnhaus der Deutschen vorzunehmen. In der obersten Etage des Hauses öffnete ich mit dem Hauptschlüssel die Wohnungstür des stellvertretenden Direktors, Herrn Lichtmanneger, der vor einer Viertelstunde das Fabrikgelände verlassen hatte. Ich schloß die Tür hinter mir zu, legte einige Werkzeuge auf das Fensterbrett, löste eine Schraube an der Jalousie und drehte das Radio an. Ich suchte und fand den Londoner Rundfunk BBC (British Broadcasting Corporation), der jede Stunde eine kurze Nachrichtensendung in polnischer Sprache brachte. Das Sendezeichen der

BBC war ein viermaliges »Bumm«, dem die Nachrichten folgten. Etwa zehn Minuten hörte ich den Nachrichten zu. Ich war so glücklich, gute Neuigkeiten aus erster Quelle zu hören, daß ich mir der Gefahr in diesem Moment gar nicht bewußt war. Ich legte alles an seinen Platz zurück, auch das Rundfunkgerät, und wollte schon gehen, da beschloß ich nachzusehen, ob es in der Wohnung vielleicht Munition für meinen Revolver gäbe. Ich fand Revolverkugeln, die aber nur 6,35 mm statt 9 mm groß und daher für meine Waffe nicht zu gebrauchen waren. Ich ging in die Werkstatt zurück, zog Wladek, meinen polnischen Freund, in eine Ecke und wiederholte die Nachrichten, die ich im BBC gehört hatte.

Kaum waren zwanzig Minuten vergangen, kam Wladek mit einem ehemaligen polnischen Offizier zurück, der wissen wollte, woher meine Informationen stammten. Wir gingen in einen leeren Lagerraum, und ich gab erneut die Nachrichten wieder, die ich vor einer Stunde im BBC gehört hatte, war aber nicht bereit preiszugeben, wo ich die Sendung gehört hatte. Der Offizier, ein Kommandeur der örtlichen polnischen Untergrundbewegung AK (Armja Krajowa, »Volksarmee«), bat mich, ihm öfter Nachrichten zu übermitteln. Ich erklärte mich gern dazu bereit, lehnte aber ab, dies schriftlich zu tun, wie er wünschte, obwohl ich mir beim Radiohören immer Notizen machte.

Ich konnte nicht jeden Tag in eine deutsche Wohnung eindringen, aber trotz der großen Gefahr gelang es mir, etwa dreimal in der Woche den Londoner Rundfunk zu hören und auch manchmal 9-mm-Munition für meinen Revolver mitzunehmen. Die Deutschen hatten so viel davon, daß sie ihre Revolverkugeln nicht zählten.

Die Nachrichten, die ich den Polen übermittelte, wurden gedruckt und unter den Mitgliedern der Untergrundbewegung verteilt, wobei hervorgehoben wurde, daß sie aus absolut glaubhafter Quelle stammten. Wir hörten von ihnen, was außerhalb der Fabrik und des Arbeitslagers passierte, zum Beispiel, daß es in manchen Ghettos und Lagern Aufstände gegen die Nazis gegeben hatte und daß sich in den Wäldern kleine Gruppen von Juden, aber auch von polnischen und russischen Partisanen versteckt hielten.

Im Sommer des Jahres 1943 beschlagnahmte die Wehrmacht einen Teil der Fabrikgebäude, um sie als Lagerräume für Ersatzteile von Militärfahrzeugen zu benutzen. Die Verlegung des Ersatzteillagers war eine Folge des deutschen Rückzugs an der Ostfront und der Annäherung der Fronten an die frühere Grenze zwischen Polen und der Sowjetunion.

Das Ersatzteillager wurde von zwei Offizieren der Wehrmacht, Paul Hoffele und Willi Andreas, geleitet. Nachdem sie mich flüchtig kennengelernt hatten, forderten sie mich auf, mit ihnen bei der Organisation des Lagers zusammenzuarbeiten. Ich verwies sie an Herrn Semrad. Als er einverstanden war, half ich ihnen, das »Ersatzteillager 109 - Süd« in der Fabrik einzurichten.

Die beiden Offiziere waren nette und herzliche Menschen. Ich möchte hier bemerken, daß alle Deutschen, die in der Fabrik arbeiteten, sich uns, den Juden, und insbesondere meinem Vater gegenüber sehr gut verhielten und versuchten, uns mit allen Mitteln behilflich zu sein. In krassem Gegensatz zum freundlichen Benehmen der zivilen deutschen Angestellten stand das Verhalten der Gestapo und der ukrainischen Polizisten, die alle blutrünstige Mörder waren.

Ich besuchte Andreas und Hoffele inzwischen oft in ihren Wohnungen und hörte in ihrer Gegenwart regelmäßig die polnischen Sendungen des BBC. Obwohl beide die Sprache nicht verstanden, war ihnen klar, daß ich Nachrichten hörte. Sie erzählten mir den kürzesten deutschen Witz dieser Tage: »Wir siegen!«

Der Revolver

Die Gestapo kommt

Obwohl oder gerade weil die Rote Armee im Frühjahr 1943 an allen Fronten vorrückte, war uns klar, daß die Gestapo unserer »gedachte« und uns nicht »vernachlässigen« würde. Wir durften uns keinen Illusionen hingeben, gerade jetzt, wo sich die Deutschen zurückziehen mußten.

Bei meinem letzten Treffen mit den Freunden im Lager besprachen wir, welche Möglichkeiten wir noch hatten, uns zu wehren. Alle waren der Meinung, daß ein »Besuch« der Gestapo kurz bevorstand und daß eine Flucht aus dem Lager zu diesem Zeitpunkt keine Chance hatte. In den Wäldern streiften die »Bandera-Banden« umher, die jetzt von den Deutschen gesucht wurden. Sie hatten Propaganda gegen die Deutschen betrieben, weil sie sich von Deutschland betrogen fühlten, denn sie waren nicht wie gehofft für ihre »Kooperation« mit der Anerkennung ihrer Autonomieforderungen belohnt worden.

Im Lager war Bereitschaftszustand, und alle erwarteten die Gestapo. Die Stimmung war von Depression und Kummer gezeichnet, denn es schien keinen Ausweg zu geben. Das Lager wurde nicht von Polizisten bewacht. Damit wollten die Gestapoführer bei den Lagerinsassen die Illusion hervorrufen, sie seien freie Menschen, nicht Gefangene. Ein Teil fiel darauf herein. Viele waren skeptisch und mißtrauten dem Schein. Niemand aber floh. Sie wußten, daß sie nirgendwohin fliehen konnten. Die Welt außerhalb des Lagerzauns bestand aus einer judenfeindlichen Bevölkerung, die Juden sofort erkennen und der Polizei auch ohne Aufforderung verraten würde.

Am frühen Morgen eines Herbsttages im Jahr 1943, als wir gerade dabei waren, unsere Betten zu machen, hörten wir Schüsse von automatischen Waffen, die von nicht weit her kamen.

Ich rannte die Treppen der vier Etagen unseres Gebäudes hoch auf das Dach, von dem aus man die ganze Umgebung überblicken konnte. Ich sah, daß das nahegelegene Arbeitslager Nagorzanka von Polizisten umzingelt war, die auf Flüchtlinge schossen. Ich lief wieder in die Wohnung hinunter, in der sich schon die Juden versammelt hatten, die uns gegenüber in den Holzbaracken wohnten. Uns war klar, daß die Gestapo das Lager »liquidiert«, die Menschen erschossen hatte. Gewiß würden sie auch zu uns kommen. Wir mußten sofort handeln, denn ein Zögern konnte unser Schicksal besiegeln. Mein Vater schlug vor, in die unterirdischen Abwasserkanäle der Fabrik zu gehen. Das war das einzig mögliche Versteck für die etwa zwanzig Personen, die wir noch waren. Ein Vorteil war dabei, daß wir das Fabrikgelände nicht verlassen mußten.

Am Eingang zu den Duschräumen nahe unserer Wohnung lag ein Einstiegsschacht zum Abwasserkanal, der mit einem schweren Deckel verschlossen war. Eine eingemauerte Eisenleiter führte in die Kanalisation hinunter. Wir gingen dorthin, hoben den gußeisernen Deckel hoch und fingen an, mein Vater als erster, einer nach dem anderen die Leiter hinunterzuklettern. Doch wer sollte den Deckel wieder verschließen? Ich. Ich weiß nicht, warum, unausgesprochen war es allen und auch mir klar, daß ich oben bleiben und den Deckel wieder schließen würde. Es war meine Pflicht. Ich schob den schweren Eisendeckel wieder an seinen Platz zurück und schloß die Öffnung, verstreute darauf etwas Erde, um die Spuren zu verwischen, und legte eine kaputte Holzbank auf den Deckel. Die Mörderbande konnte jeden Moment hier auftauchen. Wohin sollte ich gehen?

Ich hätte mich zwar in einem der Fabrikgebäude verstecken können, fürchtete aber, daß mich jemand verraten würde. Ich mußte fort aus der Fabrik. Ich rannte auf die Außenmauer zu, sprang hoch und wieder hinunter und lief, so schnell ich konnte, zu dem Wald, der einige hundert Meter entfernt begann.

Während meiner Flucht hörte ich Schüsse und hatte das Gefühl, daß man versuchte, mich zu treffen. Ich hielt nicht an, sondern lief im Zickzack weiter und erreichte mit letzter Kraft den Wald. Ich blickte mich um, sah niemanden und fiel erschöpft auf den weichen Boden.

Nach einer Ruhepause fing ich an, mir alle möglichen Szenarien vorzustellen: Was wäre, wenn...? Der Drang zum Leben und die Bereitschaft, mich zu wehren, wenn jemand versuchen würde, mich zu ermorden, gaben mir neue Kräfte und schärften meine Sinne. Ich beschloß, tiefer in den Wald hineinzugehen, dort bis zum Abend liegen zu bleiben und dann in die Fabrik zurückzukehren, zu sehen, was geschehen war, und weiter zu überlegen.

Der Tag im Wald verging nur langsam. Einmal verließ ich den Wald und wollte in einem nahegelegenen Bauernhaus um etwas zu essen bitten. Als ich mich näherte, schlug der Hund an. Ich blieb am Zaun stehen. Eine Frau kam heraus und rief barsch: »Was willst du?« »Ich habe Hunger.« »Verschwinde!!« schrie die Frau mich an, die die Schüsse bei der Fabrik doch auch gehört haben mußte. Es war aussichtslos. Ich ging wieder in den Wald zurück.

Unter den Sträuchern war ich eingeschlafen, als mich plötzlich Stimmen weckten. Ich setzte mich auf, entsicherte meinen Revolver und wartete ab. Die Stimmen näherten sich, und als sie nur noch zehn Meter von mir entfernt waren, hörte ich zwei Männer, die miteinander Ukrainisch sprachen. Ich saß gespannt da, den Finger am Abzug, bereit zu schießen. Sie gingen aber an mir vorüber, ohne mich bemerkt zu haben.

Ich dachte, es ist besser so, ich bin doch nicht zum Töten geboren. Ich war unruhig und lauschte auf jedes Geräusch. Alle fünf Minuten sah ich auf die Uhr. Ich plante, den Wald gegen zwanzig Uhr zu verlassen und in die Fabrik zurückzugehen. Bei Dunkelheit machte ich mich auf den Weg. Ich war besorgt wegen der anderen, obwohl mir mein Gefühl sagte, daß das Versteck in den Abwasserkanälen die beste und sicherste Lösung gewesen war.

Langsam und vorsichtig ging ich von hinten auf die Fabrik zu und überlegte, an welcher Stelle ich über die Mauer steigen sollte. Ich wußte, sie war von bewaffneten Männer bewacht, auf die zu treffen ich riskierte, doch wollte ich nicht durch das Haupttor gehen, weil ich fürchtete, daß die Fabrik während meiner Abwesenheit für »judenfrei« erklärt worden war, so daß ich mich dann offiziell dort nicht mehr aufhalten durfte.

Ich ging auf die Mauer zu, schwang mich nach oben und sprang auf der Innenseite herunter. Kaum hatte ich ein paar Schritte getan, rief jemand »Halt!« Zwei Wächter kamen mit gerichtetem Lauf auf mich zu und fragten, nachdem sie mich erkannt hatten, was ich hier zu dieser Stunde mache. Ich antwortete ihnen, daß ich in unsere Wohnung zurück wolle. Sie berieten sich kurz und ließen mich gehen.

Schon von weitem sah ich Licht in den Fenstern unserer Wohnung, die halb über der Erde lag. Als ich eintrat, saßen alle da wie am Morgen. Noch bevor ich etwas sagen konnte, kamen sie auf mich zu: »Was hast du uns angetan! Was wird jetzt sein?« Ich war überrascht, denn ich war mir keines Vergehens bewußt. Im Gegenteil, ich hatte ihnen doch geholfen, sich zu verstecken, und dank meiner Bemühungen waren sie noch alle hier.

Mein Vater nahm mich einen Moment beiseite und fragte, ob ich eine Waffe hätte. Als ich dies verneinte, berichtete er, Arbeiter der Fabrik hätten mich am Morgen gesehen, wie ich mit einem Maschinengewehr geflohen sei. Das war zum Tagesgespräch in der Fabrik geworden. Ich verstand jetzt, was mein Fehler gewesen war: Als ich am Morgen in Richtung Mauer gelaufen war, hatte der Arbeitsanzug, der gewöhnlich weit und lose herunterhing, den Umriß meines ziemlich großen Revolvers erkennen lassen. Die Arbeiter, die mich gesehen hatten, hatten natürlich stark übertrieben und aus meinem Revolver ein Maschinengewehr gemacht. Noch bevor ich etwas dazu sagen konnte, öffnete sich die Tür, und die beiden Wächter, die mich beim Sprung von der Mauer erwischt hatten, traten ins Zimmer. »Du kommst mit zu Semrad«, sagten sie, und ich verstand, daß sie den Vorfall gemeldet hatten. Ich ging mit ihnen, den Revolver im Gürtel.

Wir kamen ins »deutsche Gebäude«, stiegen in den zweiten Stock, wo ein Wächter an Semrads Tür klingelte. Herr Semrad selbst erschien, mit einem Schlafrock bekleidet, forderte mich auf hereinzukommen und schickte die Wächter weg. Ich hatte ihn schon oft gesehen, und auch er wußte, wer ich war, doch hatten wir noch nie miteinander gesprochen. Er hatte einen hohen Posten inne und war, zumindest in unseren Augen, fast wie ein Gott. Dieser einflußreiche Deutsche sprach jetzt mit einem jüdischen Jungen, dessen Leben für seine Landsleute völlig wertlos war, und sagte: »Herr Wolkowicz, man erzählt mir, daß Sie heute morgen mit einer Maschinenpistole oder einem Maschinengewehr geflohen seien. Ich konnte nur darüber lachen, bin jedoch sicher, daß Sie einen Revolver haben.« Er sah mich einen Augenblick an und fügte hinzu: »Ich mache Ihnen einen Vorschlag: Geben Sie mir Ihre Waffe, und ich verspreche Ihnen, daß alles in Ordnung sein wird.« Ich leugnete natürlich, eine Waffe zu besitzen und erklärte ihm, daß besonders die Ukrainer, aber auch die anderen Arbeiter versuchten, mich schlechtzumachen und daher alle möglichen Verleumdungen erfanden.

Herr Semrad schien meinen Erklärungen nicht zu glauben, denn er wiederholte seinen Vorschlag und betonte, daß mir nichts passieren würde. Ich antwortete ihm mit der Frage, wie es für mich, der ich mich doch die ganze Zeit in der Fabrik aufgehalten hätte, möglich gewesen sein sollte, mir eine Waffe zu beschaffen, und wer sich in die Gefahr begeben haben würde, mir eine zu liefern? Er ging ein paarmal im Zimmer hin und her und sagte dann: »Geben Sie mir Ihr Ehrenwort, daß Sie keine Waffe besitzen.« Jetzt war ich verwirrt, und anstatt sofort mit Nein zu antworten, fing ich an nachzudenken. Das genügte ihm, denn hätte ich keine Waffe gehabt, hätte ich seinen Vorschlag ohne Zögern angenommen. Nach einer kurzen Pause gab ich ihm in einem nicht sehr überzeugenden Ton mein Ehrenwort. Daraufhin sagte Herr Semrad, ich könne gehen. Ich ging zur Tür und wünschte ihm eine gute Nacht, als er mich noch einmal zurückrief. Das Blut stieg mir in den Kopf, denn ich war sicher, daß er mich jetzt durchsuchen und den Revolver unter meinem Arbeitsanzug finden würde. Er trat zu mir, sah mir gerade in die Augen und sagte: »Wenn ich an Ihrer Stelle keine Waffe hätte, würde ich versuchen, mir eine zu beschaffen. Ich bin völlig sicher, daß Sie eine Waffe nicht zum Morden, sondern nur zur Selbstverteidigung benutzen würden. Mein Freund Wolkowicz, Schwamm darüber. Gute Nacht, Sie können in Ruhe schlafen, alles wird in Ordnung sein. Wir haben über nichts gesprochen.«

Ich verließ die Wohnung und ging die Treppen hinunter. Erst langsam wurde mir klar, welch außergewöhnliche Geste mir dieser Mann entgegengebracht hatte.

Meine Familie und die anderen Juden warteten schon auf mich. Jeder hatte seine eigene Theorie, warum ich zu Semrad vorgeladen worden war, und einige wußten sogar schon, welche Vergeltungsmaßnahmen uns von morgen an auferlegt würden. Ich mußte sie enttäuschen, als ich mit einem breiten Lächeln zurückkam. Auf ihre Fragen sagte ich nur, wir hätten eine angenehme Unterhaltung gehabt, Herr Semrad sei nett gewesen sei und weder morgen noch übermorgen werde etwas Neues passieren.

Meine Antworten befriedigten sie nicht, und sie fragten von neuem, worüber wir gesprochen hätten und ob er mich nicht doch wegen der Waffe ausgefragt hätte. Ich bedauerte, daß ich den Inhalt unseres Gesprächs nicht wiedergeben könne, denn so sei es zwischen uns abgemacht, versicherte ihnen aber, daß alles in Ordnung sei. Auch das stellte sie nicht zufrieden, aber sie mußten sich damit abfinden und zogen sich in ihre Holzbaracken zurück.

Als wir im Familienkreis allein waren, wollte mein Vater wissen, was vorgegangen war. Auch ihm erzählte ich nicht die ganze Wahrheit und sprach von einer Verleumdung. Vor allem verschwieg ich den Ratschlag, den Herr Semrad mir zum Schluß gegeben hatte. Doch die Geschichte ließ meinem Vater und mir keine Ruhe. An dem Gerücht, ich hätte eine Maschinenpistole, war nichts mehr zu ändern, und ich wußte nicht, wie ich mich jetzt verhalten sollte, denn Waffenbesitz bei einem Juden war ein Skandal. Als ich am nächsten Morgen zur Arbeit kam, begrüßten mich die polnischen Kollegen mit freundlichem Lächeln. Andere zogen zum Gruß ihren Hut. Das hatte ich noch nie erlebt. Ich konnte meinen Augen kaum trauen, daß so viele Leute den kleinen Juden grüßten.

Der Vorfall geriet schnell wieder in Vergessenheit. Nachdem das Lager so grausam »aufgelöst« worden war, machten wir uns größte Sorgen um unser Schicksal. Nur wenigen aus dem Lager war es gelungen zu fliehen, und die man erwischt hatte, wurden in einer Grube erschossen, die, ohne daß wir es bemerkt hatten, schon vorher nicht weit vom Lager ausgehoben worden war. Man erzählte auch, daß aus dem Lager heraus Handgranaten auf die Lastwagen geworfen wurden, mit denen die Polizisten kamen. Wir erfuhren aber nicht, ob sie auch getroffen hatten.

Nachdem die Mörder ihre »Arbeit« vollendet hatten, waren sie auch zu uns in die Fabrik gekommen, hatten aber keine Juden gefunden. Ich weiß nicht, was man ihnen sagte, sie hatten aber sicher vor, bald noch einmal zu kommen. Sie würden uns nicht vergessen.

Polen und seine Nachbarn zu Beginn des Zweiten Weltkriegs

Grenzen Polens vor dem 1. 9. 1939

Galizien vor dem 1. September 1939

Deutsch-sowjetische Interessengrenze 1939

Einmarsch der Deutschen Wehrmacht im September 1939

Einmarsch der Roten Armee im September 1939

Deutscher Angriff auf die Sowjetunion am 22. 6. 1941

Vernichtungslager ab 1942

Der Kanaldeckel

Flucht ins Innere der Erde

Ich hörte in den Wohnungen der Deutschen weiterhin die Sendungen des Londoner Rundfunks. Die Nachrichten über die Siege der Roten Armee waren für uns und die im Untergrund arbeitende polnische Volksarmee, der ich weiterhin Bericht erstattete, sehr erfreulich. Der Nachschub der Deutschen Wehrmacht war völlig zusammengebrochen, und oft hörte ich von Soldaten, die Ersatzteile aus dem Lager holten, daß Panzer und Lastwagen festlagen, weil es keinen Kraftstoff mehr gab.

Allen war inzwischen klar, daß die Niederlage der deutschen Armee nur noch eine Frage der Zeit war. Aus dem Radio wußte ich, daß die Russen Kiew zurückerobert hatten und jetzt in Richtung der alten polnischen Grenze, in unsere Gegend, vordrangen.

Das war schön, aber wann würden die deutschen Linien hinter uns liegen, und welcher Glückliche würde das noch erleben? Ich war kein Pessimist, im Gegenteil. Aber ein nüchternes Nachdenken und das Wissen um die Pläne der Gestapo, das »jüdische Problem« endgültig zu »lösen«, ließen nicht die geringste Hoffnung aufkommen.

Ein kalter Winter mit viel Schnee setzte uns zu. Oft stand ich gegenüber dem Eingangstor in der Fabrik Wache, aus Angst, die Gestapo könne uns doch noch überraschen. Sie hatte uns tatsächlich nicht vergessen; später erfuhren wir, daß sie eine letzte »Aktion« gegen uns geplant hatte, die außerhalb der Arbeitszeiten laufen sollte.

Unter uns Juden war große Unruhe. Alle fühlten, jetzt naht die »Stunde X«, der Moment, in dem sie versuchen würden, die letzten von uns umzubringen. An einem Abend konnte mein Vater nicht einschlafen und ging im Zimmer hin und her. Als ich ihn fragte, warum er so nervös sei, sagte er, er habe ein merkwürdiges Gefühl. Er schlug vor, nicht schlafen zu gehen, sondern Wache zu halten. Wir gingen zusammen zum Dampfkesselhaus, dessen Kohlenlager direkt an unser Gebäude grenzte.

Nach Mitternacht wollten wir in unsere Wohnung zurückkehren. Am Ausgang des Kesselhauses trafen wir Kominowski, den Volksdeutschen, der für Bewachung und Sicherheit in der Fabrik verantwortlich war. Ich grüßte ihn und ging weiter. Mein Vater, der mit ihm noch ein paar Worte wechselte, kam nach mir in die Wohnung und sagte: »Was glaubst du kann es bedeuten, daß Kominowski mir mit der Hand ein Zeichen gegeben hat, als ob er sagen wollte, daß man weggehen oder fliehen muß?« »Ich gehe nachsehen, ob bei den Holzbaracken etwas passiert ist«, sagte ich und ging hinaus. Vor dem Gebäude standen zwei Wächter, die mich zurückwiesen und barsch sagten: »Ausgang verboten!« Jetzt war es klar – was wir befürchtet hatten, war eingetreten.

Mein Vater hatte Angst. Wir mußten unsere Schritte jetzt sorgfältig planen. Nach außen war der Weg versperrt. Wir mußten daher ein Versteck in unserem Gebäude oder im Nebenhaus finden, das mit unserem Haus verbunden war. Wir beschlossen, daß sich die Frauen – meine Mutter, Frida und Shlima – im Transformatorenraum verstecken sollten, der nur über das Treppenhaus zu erreichen war und in den außer den Technikern niemand kam. Mein Vater, mein Bruder und ich sollten in den Abwasserkanal gehen.

Die Frauen zogen schnell warme Kleidung an, und ich ging mit ihnen durch den Kellerflur zum Transformatorenraum. Ich breitete dort Decken aus, bat sie, nicht zu reden, nichts anzutasten und auf mich zu warten, bis ich zurückkommen würde, um sie abzuholen; dann verschloß ich die Tür. Wir Männer gingen durch das Kohlenlager, das neben dem Dampfkesselraum lag, und krochen durch eine Luke, die zum Einschaufeln der Kohle in das Lager diente, nach draußen.

Die Wächter hatten diese Möglichkeit nicht in Betracht gezogen, sonst hätten sie auch dort jemanden hingestellt. Wir krochen bis zum Deckel der Abwasseranlage weiter, hoben ihn auf und kletterten die Eisenleiter hinunter. Ich war natürlich der letzte und schob den Deckel wieder auf seinen Platz zurück. Es war nicht zu befürchten, daß wir Spuren hinterlassen würden, denn der schwere Schnee, der in diesen Stunden fiel, würde alles bedecken und verwischen.

Die Rohre der zentralen Abwasseranlage, in der wir uns jetzt befanden, hatten einen Durchmesser von über einem Meter. Sie führten die Abwasser unter einem großen Garten hindurch bis weit hinter die Fabrikgebäude.

Mein Vater hatte daran gedacht, eine Taschenlampe mitzunehmen. Wir konnten uns den Weg ausleuchten. In den Rohren floß Abwasser, so daß wir mit gespreizten Beinen gehen und die Füße an die Seiten der Rohre stemmen mußten. Das Rohr war so niedrig, daß wir die ganze Zeit gebückt gehen oder stehen mußten. Es war äußerst beschwerlich, aber wir hatten keine Wahl.

Alle paar Minuten machten wir eine Pause. Mein Vater führte uns; er hatte meinen Bruder auf dem Rücken. Endlich kamen wir zu einer Stelle, wo man aufrecht stehen konnte. Eine eiserne Leiter, wie wir sie schon beim Einstieg gesehen hatten, führte nach oben, wo ebenfalls ein Deckel zu sehen war.

Mein Vater meinte, daß wir jetzt im Park außerhalb der Fabrik wären. Wir wollten hier bis zum Morgen warten, denn wir wußten, daß um neun Uhr Wladek Kowalow hier vorbeikommen würde, um die Wasserpumpen in Betrieb zu nehmen, und auf Wladek war Verlaß. Der Pfad zur Pumpstation ging durch den Park, und der Deckel, unter dem wir uns befanden, lag auf diesem Pfad.

Unser Plan war, auf Wladek zu warten und, wenn wir sicher sein konnten, daß er es war, ihn zu rufen. Gegen neun Uhr stellte ich mich oben auf die Leiter, den Kopf gegen den Deckel gelehnt, und lauschte gespannt, ob sich Schritte näherten. Dann wollte ich mit dem Kopf den Deckel heben, und, wenn er vorbei war, den Mann von hinten erkennen. Tatsächlich, genau um neun hörte ich über dem Deckel Schritte, hob den Deckel hoch und erkannte Wladek.

Ich rief ihn, er hörte mich, drehte sich um, wußte aber noch nicht, woher die Stimme kam. Ich rief ihn wieder, und dann sah er mich. Wladek kam auf mich zu, bückte sich und sagte: »Wie gut ist es, dich zu sehen. Wo ist dein Vater?« Ich sagte ihm schnell, was los war, und bat ihn, zu Herrn Semrad zu gehen, nur zu ihm, und ihm, ohne unser Versteck zu erwähnen, im Namen meines Vaters mitzuteilen, daß wir am Leben seien, und zu fragen, ob wir weiter in der Fabrik bleiben könnten, und wenn ja, wann wir aus unserem Versteck heraus und zur Arbeit zurückkommen sollten.

Wladek ging und kam nach etwa vierzig Minuten zurück. Er klopfte wie vereinbart auf den Deckel und teilte uns mit, daß wir schon jetzt zur Arbeit zurückkehren könnten. Wir dankten ihm, beschlossen aber, unser Versteck niemandem sonst zu verraten, für den Fall, daß wir es wieder aufsuchen müßten. Wir gingen daher alle drei zuerst zur Pumpstation und dann in Abständen von einer halben Stunde in unsere Wohnung zurück. Ich ging als erster und teilte den Frauen mit, daß alles in Ordnung sei, daß sie ihr Versteck aber erst nach der Arbeitszeit verlassen könnten, um nicht aufzufallen.

Es war eine merkwürdige Situation. Offiziell war die Fabrik für »judenfrei« erklärt worden, aber trotzdem waren, außer unserer Familie, noch Juden übriggeblieben: Danker, der Kürschner, Melzer, der Mechaniker und andere, die ein Versteck gefunden hatten. Sie erzählten mir, daß einige der anderen am frühen Morgen mit einem Lastwagen der Gestapo Richtung Czortkow gebracht worden seien.

Wir gingen zu unserer Arbeit zurück. Ich nutzte jede Gelegenheit, die Sendungen des Londoner Rundfunks zu hören, und war über die Lage an den Fronten genau im Bilde. Jetzt berichtete ich auch meinem Vater von der Lage, was ich früher nicht getan hatte, um ihm nicht zu enthüllen, woher ich diese Informationen hatte. Höffele und Andreas aus dem Ersatzteillager sprachen mit mir ganz offen über Hitlers und der Wehrmacht Niederlage.

Ich versuchte, den Stand der Dinge abzuwägen: Für die Gestapo gab es uns nicht mehr, denn sie glaubten, alle Juden in der Fabrik erwischt zu haben. Sie hatten niemals gewußt, wie viele Juden in der Fabrik beschäftigt waren. Nur, wenn uns jemand verriet, konnten sie auf uns aufmerksam werden, was aber zu dieser Zeit, in der die militärische Lage von einem Tag auf den anderen umschlagen konnte, nicht sehr wahrscheinlich war. Ich fand, wir sollten so lange wie möglich unauffällig in der Fabrik bleiben. Vielleicht konnten wir, wenn uns das ein paar Wochen gelingen sollte, sogar noch ein gutes Ende erwarten. Da wir aber auch die Kämpfe der näherrückenden Front fürchteten, wollten wir möglichst vor dem Rückzug der Deutschen die Fabrik verlassen und einen Unterschlupf im Wald oder bei einer der wenigen polnischen Familien finden, die bereit waren, Juden zu helfen.

Um jede Überraschung zu vermeiden, stand ich oft und lange auf meinem Beobachtungsposten gegenüber der Toreinfahrt. Moses löste mich, so gut er konnte, ab. Ich schmiedete Pläne für den Fall, daß man doch noch versuchen würde uns zu »beseitigen«, und besprach mit der Familie täglich Möglichkeiten einer Flucht.

Die allgemeine Stimmung zu dieser Zeit hatte sich schon geändert, und die militärische Lage legte allen ein anderes Verhalten auf. Damit unsere Hoffnung, doch gerettet zu werden, in Erfüllung ging, brauchten wir nur noch etwas Glück. Polen, hauptsächlich aber Ukrainer, die den Deutschen gedient und geholfen hatten, waren voller Angst und spürten jetzt, was wir während der letzten Jahre empfunden hatten. Auch die, die keine Juden ermordet hatten, aber doch mit der deutschen »Lösung« zufrieden gewesen waren, hatten ein schlechtes Gewissen und fürchteten den Tag, an dem sie gezwungen sein würden, Rechenschaft abzulegen. Ihr Verhalten uns gegenüber wurde besser. Sie fingen auf einmal an, für uns zu sorgen und uns Lebensmittel zu liefern. Doch wir hielten uns zurück.

Die Deutschen, die in der Fabrik wichtige Posten innehatten, verließen einer nach dem anderen stillschweigend den Ort. Alle nahmen vor ihrer Abreise von uns Abschied. Einer, ein gewisser Herr Pilz aus Hamburg, war in bezug auf die »jüdische Frage« besonders empfindlich, und als er einmal von einer »Aktion« hörte, brach er laut in Tränen aus. Von mir verabschiedeten sie sich wie von einem Verwandten. Zuletzt blieben nur noch Herr Semrad, seine Frau Wanda und die beiden Offiziere, die das Ersatzteillager leiteten.

Eines Tages sagte mir Andreas, daß sie den Ort verlassen müßten, da er zu nahe an der Front läge, und daß sie auch für mich einen Platz in ihrem Wagen hätten. »Du wirst doch nicht bei den Russen bleiben wollen!«, sagte er. Sie meinten es gut, doch ich erklärte ihnen, daß ich meine Familie nicht verlassen könnte. Daraufhin boten sie an, im Lastwagen, der ihnen nachfuhr, für unsere ganze Familie einen Platz zu reservieren.

Ich wußte nicht, wie ich ein so großzügiges Angebot zurückweisen sollte, konnte aber auch nicht darauf eingehen. Ich umging eine direkte Antwort.

Mein Vater und ich, wir fanden beide, daß es jetzt Zeit war, die Fabrik zu verlassen. Vater ging zu Herrn Semrad und teilte ihm unseren Entschluß mit, in ein Dorf zu ziehen. Er nahm von ihm Abschied und bedankte sich für alles, was Herr Semrad für uns getan hatte. Sie verabschiedeten sich voneinander mit dem Wunsch auf ein »Wiedersehen um 18 Uhr nach dem Kriege«.

In einer Nacht im Februar 1944 ging meine Familie heimlich in ein Dorf namens Salowka, das wenige Kilometer von der Fabrik entfernt lag, und fand Aufnahme bei einer polnischen Familie, die auch in unserer Fabrik gearbeitet hatte. Ich blieb in der Fabrik zurück, damit man nicht bemerkte, daß meine Familie sie schon verlassen hatte. Ich hatte vor, mich nach einigen Tagen anzuschließen.

Befreier

Die Russen kehren zurück

Am nächsten Morgen wurde ich von Artilleriekugeln geweckt, die nicht weit von uns explodierten. Als ich vorsichtig hinausging, um nachzusehen, hörte ich von den Wächtern, daß alle Deutschen in der Nacht die Fabrik verlassen hatten. Es gingen Gerüchte, die russischen Soldaten seien schon in den umliegenden Dörfern. Diese Nachricht überraschte mich, und ich konnte mich nicht beruhigen. Wie konnte das sein? Waren wirklich alle Deutschen geflohen? War auch die Gestapo fort?

Ich ging zum Haupttor der Fabrik. Die Wächter grüßten mich wie immer seit der Geschichte mit dem Revolver. Ich erwiderte kurz ihren Gruß, trat hinaus und lief in die Stadtmitte und auf die Landstraße, die nach Osten führte, um mich von dem zu überzeugen, was ich kaum glauben konnte.

Durch die Stadt zu laufen war gefährlich, denn ringsum waren Schüsse und Explosionen zu hören, aber nichts konnte mich abhalten: Ich wollte die Befreier mit eigenen Augen sehen. Es stimmte: Panzer, Kanonen und Lastwagen mit russischen Soldaten fuhren über die Straßenkreuzung. Die Kolonne hielt an. Ich ging zu einem Panzer, von dem ein russischer Soldat abgesprungen war, und reichte ihm die Hand. Er sah mich erstaunt an. Ich brach in Tränen aus.

Es war Wirklichkeit, es war kein Traum. Die deutsche Armee hatte sich nach Westen zurückgezogen, ihre Linien lagen jetzt hinter uns. Ich blieb noch eine Weile stehen und hing meinen Gedanken und Gefühlen nach. Die Bedrohung, die Angst, die Verzweiflung der letzten Zeit waren da, aber auch die Hoffnung, die ich nie aufgegeben hatte, diese Stunde zu erleben. Ich hatte so darauf gewartet.

Ich kehrte in die Wirklichkeit zurück und beschloß nachzusehen, wer jetzt im Haus unserer Familie wohnte und ob wir alle zusammen dort wieder einziehen könnten nach der langen, erzwungenen Abwesenheit. Auf dem Weg durch die Stadt kam ich an dem Haus vorbei, in dem mich die ukrainischen Polizisten so schrecklich gequält hatten. Die Nacht, die ich dort verbringen mußte, hatte ich nicht vergessen. Ich ging vorsichtig in das Haus. Es stand jetzt leer, und drinnen herrschte ein großes Durcheinander.

Ich ging weiter. Die Menschen, die ich auf der Straße traf, kannte ich nicht. Als ich bei unserem Haus ankam, ging ich ohne zu klopfen hinein. Ein Paar saß am Küchentisch, daneben stand ihre Tochter. Ich entschuldigte mich und fragte, ob sie wüßten, wem das Haus gehöre. Sie zeigten sich überrascht, standen auf und sagten zögernd: »Das Haus gehört einem Juden namens Wolkowicz, der in der Zigarettenfabrik gearbeitet hat.« »Wolkowicz Junior«, sagte ich und zeigte meine Freude darüber, daß sie unseren Namen kannten. »Kiszka«, stellten sie sich nun ihrerseits vor. Sie waren Ukrainer, die von der Stadtverwaltung unser Haus zugesprochen bekommen hatten. Die Familie lud mich zum Frühstück ein und erzählte mir, wie sie sich bemüht hatten, das Haus gut zu bewahren. Sie würden sich nun sofort eine andere Wohnung suchen. Ich bat sie, mir die Hälfte des Hauses zu überlassen. Sie stimmten sofort zu und stellten ihre Habe in andere Zimmer. Ich war mit diesem vorläufigen Abkommen zufrieden, denn nun konnte ich unsere Kleider und die wenigen anderen Sachen, die noch in der Fabrik geblieben waren, schon hier herbringen.

Ich ging in den Straßen spazieren und wunderte mich, daß ich nur wenige Menschen traf, darunter keinen einzigen Jude. Ich hätte Juden von weitem erkannt, auch wenn sie kein äußeres Zeichen an sich getragen hätten. Anscheinend war ich der einzige jüdische Überlebende, der sich schon am ersten Tag der Befreiung auf die Straße wagte.

Ich traf russische Soldaten. Einer, nach seinem Rangabzeichen ein Hauptmann, fragte mich, wann die letzten Deutschen geflohen seien. Da ich in der Schule etwas Russisch gelernt hatte, konnte ich ihm sagen, was ich wußte; dann fragte er, ob hier Juden gelebt hätten. Ich verstand, daß er Jude war, gab mich zu erkennen und sagte ihm, daß fast alle verschleppt oder umgebracht worden seien. Er hatte Tränen in den Augen und sagte: »Wenn Sie mir wenigstens einen ukrainischen Kollaborateur zeigen könnten, würde ich ihn mit Wonne an den nächsten Baum hängen!«

Im selben Moment sah ich den Ukrainer Dermanski, meinen Schulkameraden, der mich der Polizei ausgeliefert hatte, auf uns zukommen. Ich erwog blitzschnell die Möglichkeit, mich an ihm für sein Verhalten zu rächen. Nur ein Wort von mir und er würde baumeln. Dermanski näherte sich, erkannte mich und senkte zitternd seinen Blick. Was sollte ich tun? Ich konnte mich nicht dazu bringen, auf ihn zu weisen. Ich sagte mir, daß ich ihm nicht gleichen wolle, und wenn ich jetzt auf ihn weisen würde, welcher Unterschied bestünde dann zwischen uns? Dermanski ging weiter und an uns vorüber. Was dachte er sich in diesen Sekunden? Würde er sich ändern? Vielleicht, ich werde es aber nie erfahren. Ich jedenfalls habe meine Werte nicht verraten, die er, Dermanski, nie gehabt hat.

Später dachte ich noch öfter über diese Begegnung nach und versuchte, mir Rechenschaft zu geben, ob ich damals richtig gehandelt hatte. Hätte ich mehr Zeit zum Überlegen gehabt, wäre mein Entschluß dann anders ausgefallen? Ich glaube, daß ich auch heute nicht anders handeln würde.

An diesem ersten Tag der »neuen Epoche« schlenderte ich durch die Straßen wie berauscht. Ich konnte das Maß der Veränderung noch nicht fassen. Vieles war unklar und offen, doch ich ging als freier Mensch durch die Straßen meiner Heimatstadt, die sich kaum verändert hatte.

Meine Eltern und Geschwister blieben einstweilen im Dorf Salowka, wo sie unter verhältnismäßig guten Bedingungen lebten. Auch die anderen Juden aus der Fabrik waren inzwischen von Polen aufgenommen worden. Alle waren jetzt bereit, Juden zu helfen.

Am nächsten Tag besuchte ich unsere polnischen Nachbarn, die Familie Samborski, deren Haus an unseren Garten grenzte. Sie waren wie immer freundlich und boten mir Milch und Brot an, die ich bitter brauchte und die schwer zu bekommen waren.

Ein weiterer Tag der Entspannung ging vorüber. Als ich mit der Familie Kiszka beim Abendbrot saß, öffnete sich plötzlich die Tür, und zwei russische Soldaten, ein Hauptmann und ein Feldwebel, kamen herein. Sie sahen sich in der Wohnung um. Dann fragte uns einer, wo es Läden gäbe. Herr Kiszka sagte, er sei erst vor kurzer Zeit aus einer anderen Stadt gekommen. Er kenne sich noch nicht aus. Daraufhin wandte sich der Hauptmann in ukrainischer Sprache an mich; ich sollte mit ihnen kommen und ihnen Geschäfte in der Umgebung zeigen. Ich bedauerte, daß auch ich erst am Vortag zurückgekommen sei. Er sah mich von oben bis unten an, merkte anscheinend, daß ich nicht zur Familie Kiszka gehörte, und fragte: »Wer bist du eigentlich?« Ich antwortete ihm stolz, ich sei Jude. Laut, fast zornig rief er: »Was, du bist Jude? Wieso lebst du noch?« Ein saftiger russischer Fluch folgte.

Ich war entsetzt und hatte das Gefühl, als würde ich im Boden versinken. Nur einen Tag nach der Befreiung, die ich sehnsüchtig erwartet hatte, fragte mich ein russischer Soldat in Gegenwart einer ukrainischen Familie: »Warum lebst du noch?«

Daß er Ukrainer war, mag der Grund für seine antisemitische Einstellung gewesen sein, die russischen Offizieren im allgemeinen nicht eigen war. Seine Worte erschütterten mich. Sie haben bewußt oder unbewußt meine Zukunft bestimmt.

Die Soldaten durchsuchten das Haus unter dem Vorwand, es seien vielleicht Waffen darin versteckt. Einer befahl der jungen Tochter, den Kleiderschrank im Schlafzimmer zu öffnen. Als sie in das Zimmer ging, folgte er ihr und verschloß die Tür. Das Mädchen fing an zu schreien, ihre Mutter wollte sich in das Zimmer stürzen, doch der Feldwebel hielt sie fest und zwang die Eltern mit entsicherter Waffe, sich auf den Boden zu legen. Auch ich durfte mich nicht bewegen. Das Mädchen schluchzte und schrie. Beide Soldaten vergewaltigten sie. Einen Moment lang glaubte ich mich unbeobachtet und rannte hinaus zu den Nachbarn. Als ich nach zwei

Stunden zurückkam, saß die Familie Kiszka zitternd vor Angst in der Küche.

Im März 1944 kehrten einige Juden, die sich bei Christen versteckt hatten, wieder in die Stadt zurück. Zu ihnen gehörte auch mein guter Freund Bumek Treiner, dem es gelungen war, bei der »Liquidation« von Nagorzanka zu entkommen. Auch Bumeks Schwester hatte bei einer polnischen Familie ein Versteck gefunden, wurde aber, auf die Denunziation eines Ukrainers hin, wenige Tage vor dem Einmarsch der Russen von den Nazis ermordet. Ich begleitete Bumek auf der Suche nach dem Grab seiner Schwester. Durch Hinweise von Polen, die in der Umgebung lebten, fanden wir das Grab, und Bumek erkannte die Leiche an den Kleidern. Ein Pole lieh uns einen Pferdewagen; aus Brettern, die wir fanden, fertigten wir einen Sarg und beerdigten Bumeks Schwester auf einem jüdischen Friedhof.

Familie Kiszka verließ unser Haus, meine Eltern und mein Bruder kehrten zurück, doch meine Cousine und meine Schwester blieben noch im Dorf Salowka. Eines Tages hörte ich wieder Artilleriefeuer in der Nähe. Es stellte sich heraus, daß östlich von Jagielnica doch noch Einheiten der Wehrmacht standen, die von russischen Stoßtrupps umzingelt worden waren und jetzt versuchten, aus dem Kessel auszubrechen und sich wieder mit anderen deutschen Einheiten zu verbinden. Die russischen Truppen, die in Jagielnica standen, bildeten einen Brückenkopf. Es war ihnen gelungen, weit vorzudringen und ein Regiment der Waffen-SS zu spalten, das sich auf dem Rückzug befand.

In einem verzweifelten Gegenangriff gelang es den Deutschen, einen Teil unserer Gegend zurückzuerobern. In aller Eile flohen wir mit den Russen in Richtung Czortkow und fanden zusammen mit anderen Flüchtlingen Quartier in einer Schule. Wir waren zwar für den Augenblick in Sicherheit, sorgten uns aber um meine Schwester und meine Cousine, die im Dorf Salowka geblieben waren. Wer konnte wissen, was ihnen jetzt, nach dem erneuten Einmarsch der Deutschen, geschehen würde? Meine Mutter fand keine Ruhe. Sie konnte sich nicht verzeihen, daß sie die Mädchen zurückgelassen hatte.

In die Schule in Czortkow kamen russische Soldaten. Ein Offizier fragte laut, wer den Weg nach Jagielnica wisse. Ich ging zu ihm und erklärte ihm den Weg. Daraufhin schlug er vor, daß ich seine Artillerieeinheit nach Jagielnica begleiten solle. Ich bat um einige Minuten Bedenkzeit, lief zu meinen Eltern und fragte sie, ob ich die Möglichkeit nutzen sollte, die Mädchen vor dem Einmarsch der Deutschen aus dem Dorf zu holen. Sie waren einverstanden. Ich ging mit dem Offizier zu seiner Truppe, und die Kolonne setzte sich in Bewegung.

Dichter Schnee fiel, wir kamen nur mühsam voran. Die Pferde, die die schweren Kanonen zogen, mußten immer wieder anhalten. Ein eisiger Wind schnitt uns ins Gesicht, und ich fragte mich, ob es richtig gewesen war, daß ich mich bei diesem Wetter auf den Weg gemacht hatte. Doch ich dachte an die Mädchen.

Endlich erreichten wir Jagielnica. Unser Haus stand leer. Ich stellte es den russischen Offizieren zur Verfügung, die dort ihr Hauptquartier aufschlugen und Telefonkabel in alle Richtungen zogen. Ich ging zu Fuß nach Salowka weiter, um Frida und Shlima abzuholen, die gar nicht wußten, daß wir nach Czortkow geflohen waren. Ich fand sie, und wir gingen zusammen nach Jagielnica zurück. In unserem Haus bezogen wir ein Hinterzimmer und überließen den Rest des Hauses dem Militär.

Ich hatte vorgehabt, mit Frida und Shlima am nächsten Morgen nach Czortkow zu laufen. Die ganze Nacht über war aber Kanonenfeuer zu hören, und ich fürchtete, daß es uns nicht gelingen würde, aus Jagielnica herauszukommen. Als wir am Morgen zum Aufbruch bereit waren, suchte ich eine Möglichkeit, das Haus unbemerkt zu verlassen. Ich ging in den »Befehlsraum« und hörte zufällig ein Telefongespräch mit der Front, in dem mitgeteilt wurde, daß die Waffen-SS ein nahegelegenes Dorf erobert hatte und daß sie nun nichts mehr daran hindern würde, Jagielnica einzunehmen.

Unsere Situation war schwierig. Wir hatten kein Fahrzeug, und es war gefährlich, zu Fuß zu gehen, denn die Waffen-SS würde uns auf dem Weg einholen. Noch bevor ich einen Entschluß fassen konnte, verließen die Russen übereilt das Haus, sprangen auf ihre

Pferde und galoppierten davon. In der Ferne sahen wir deutsche Lastwagen und Kanonen, die auf die fliehenden Russen schossen.

Wir saßen in einer Falle. Ich ging zu unseren polnischen Nachbarn und bat sie, die beiden Mädchen bei sich zu verstecken. Sie waren bereit dazu und schlugen uns vor, in den Kartoffelkeller zu gehen. Ich war mit dem Versteck zufrieden, bereitete meiner Schwester und meiner Cousine aus alten Teppichen ein Lager zum Sitzen und zum Liegen und ging in unser leeres Haus zurück.

Nach kurzer Zeit kamen die SS-Leute. Es waren nicht mehr die Deutschen, die ich kannte. Sie sahen aus wie Wilde, vernachlässigt, schmutzig, unrasiert und voller Läuse, und sie benahmen sich wie Wilde. Sieben deutsche Soldaten kamen in unser Haus, einige legten sich sofort schlafen, die anderen bereiteten ein Essen vor. Sie dachten natürlich, ich sei Pole. Da die Mehrheit der Frontsoldaten nicht viel mit Juden zu tun gehabt hatte, merkten sie nichts und hatten jetzt auch andere Sorgen.

Ich half ihnen, ihre Mahlzeit zu kochen, die hauptsächlich aus Fleischkonserven bestand. Sie boten mir sogar etwas Gulasch an, verlangten aber von mir, das Haus nicht zu verlassen und jeden Tag für sie zu kochen. Es gelang mir von Zeit zu Zeit, heimlich zu den Nachbarn zu gehen und nachzuschauen, wie es den Mädchen im Kartoffelkeller ging. Die Polen erzählten mir, daß die Deutschen sich wie Tiere benahmen, die Menschen terrorisierten und bei jeder Gelegenheit töteten und vergewaltigten.

Aus den Gesprächen zwischen den Soldaten, die jetzt in unserem Haus wohnten, verstand ich, daß es ihnen sehr schlecht ging. Sie waren seit Monaten auf dem Rückzug und hatten keine regelmäßige Versorgung mehr. Ihre »Kampfmoral« war ebenso gering wie die Hoffnung, am Leben zu bleiben. Von allen Seiten waren sie eingekesselt, und die Schlinge zog sich täglich weiter zu. Daß sie sich nicht ergeben durften, machte die Lage um so schlimmer.

Ich befand mich in einer gefährlichen Situation, der ich mich vielleicht unnötig ausgesetzt hatte. Tag und Nacht mußte ich mit den unbarmherzigen Deutschen zusammenleben, die mich immer, wenn ihnen etwas nicht gefiel, verfluchten, bespuckten und schlugen. Manchmal glaubte ich, daß das kein Ende nehmen würde, tröstete mich aber mit dem Gedanken, daß ihre Lage noch viel schlechter war als meine. Das hier waren nicht die Nazis, die als »Vertreter der arischen Rasse« in glänzenden Stiefeln und Uniform auf mich herabgeschaut hatten, sondern deprimierte, gedemütigte Männer, die ihrem Ende entgegensahen.

Am zehnten Tag nach ihrer Ankunft, um fünf Uhr morgens, hörte ich plötzlich aus nächster Nähe Maschinengewehr- und Kleinwaffenfeuer. Ich hoffte im stillen, daß die Russen zurückgekehrt wären. Heimlich ging ich durch die Hintertür in den Garten. Die Vordertüren standen offen, ich fürchtete mich aber nachzusehen, ob meine »Gäste« noch da waren. Von weitem hörte ich Rufe auf Russisch. Sie waren zurückgekommen! Später erfuhr ich, daß es dem Regiment der Waffen-SS gelungen war, bei Buczacz, etwa dreißig Kilometer westlich von Czortkow, die russische Zange zu durchbrechen und nach Westen zu entkommen. Die zehn Tage mit den geschlagenen Wilden empfand ich wie ein Nachspiel zu dem langen Schrecken der Naziherrschaft.

Meine Eltern mußten glücklicherweise diese Erfahrung nicht mitmachen. Als sie Ende März aus einem Dorf in der Nähe von Czortkow zurückkehrten, waren wir dabei, das Haus wieder herzurichten. Etwa zwanzig Juden, die sich bei Polen versteckt hatten, kehrten nach Jagielnica zurück; von denen, die in die Lager gekommen waren, gab es kein Zeichen des Lebens mehr.

Mein Vater nahm seine Arbeit in der Fabrik wieder auf, wo man angefangen hatte, die Schäden zu reparieren, die durch eine Brandstiftung der Waffen-SS vor ihrem Abzug entstanden waren.

Ich hatte in Jagielnica nichts mehr zu suchen und wollte am liebsten wieder nach Lemberg zurückgehen. Da die Stadt aber immer noch in deutschen Händen war, zog ich mit meinem Freund Bumek nach Czortkow.

Die Russen suchten im Frühjahr 1944 Fabriken, die nicht beschädigt waren, wieder in Gang zu setzen, um der Armee wichtige Produkte zu liefern. Sie begannen auch, junge Leute zur Roten Armee einzuziehen; auch ich wurde im April »mobilisiert«. Ich mußte

'agielnica nach dem Zweiten Weltkrieg.

mich bei der Rekrutierungsstelle der Roten Armee melden, gab meine Personalien an und erhielt ein Papier mit der Aufforderung, nach einer Woche wiederzukommen. Tage später wurde ich an das Industrieamt verwiesen. Dort empfing mich der Bezirksbeauftragte, der sich genau nach meiner technischen Bildung erkundigte und mich zu einer technischen Einheit der Armee schickte. Ich sollte in einer Gießerei und Metallfabrik namens Okon als Beauftragter der Armee die Produktion für militärische Zwecke neu aufbauen.

Ich besuchte die Fabrik und unterhielt mich mit den Eigentümern, die mir erzählten, sie hätten eine Mitteilung von der Armee erhalten, daß die Fabrik für ein Jahr beschlagnahmt sei – die bis zum Kriegsende geschätzte Zeit.

Dann ging ich zur Ingenieursabteilung des Regiments, das Czortkow erobert hatte und von einem Ingenieur, Oberstleutnant

Zaslawski, geleitet wurde. Von ihm bekam ich Zeichnungen und Erläuterungen zu Waffen- oder Fahrzeugteilen, die die Armee dringend benötigte; es waren vor allem Ersatzteile für Panzer- und Lastwagenmotore, die ich so schnell wie möglich liefern sollte.

Die meisten Arbeiter in der Fabrik waren Ukrainer, die die Sowjets und das kommunistische System haßten. Dieser psychologische Faktor erschwerte, neben vielem anderen, die Organisation einer Fertigungsstraße. Bald jedoch gelang es uns, erste Ersatzteile zu liefern.

Eines Tages wurde ich zu einem Gespräch bei Zaslawski gerufen. Er legte mir technische Zeichnungen eines Schutzdeckels für Beobachtungsposten der Artillerie vor. Es war sein Einfall, eine Art Eisenhaube zu produzieren, die die Soldaten von drei Seiten schützte. Er verlangte, daß ich sofort eine Gußform anfertigen ließ und die ersten Probedeckel lieferte. Bei dieser Unterhaltung erzählte er mir, daß auch er Jude war, und erkundigte sich, wie ich mich gerettet hatte. Nach einigen Tagen lud er mich zum Abendessen ein; seine Freundschaft war mir angenehm.

Die Front verlief jetzt dreißig Kilometer westlich von Czortkow, und die Russen beeilten sich nicht gerade, weiter nach Westen vorzudringen. Drei Monate lang waren sie damit beschäftigt, ihre Versorgung neu zu organisieren und Truppen und Waffen zu konzentrieren, und erst nach langen Vorbereitungen wurde der Befehl für einen neuen Angriff gegeben, bei dem auch die Schutzdeckel zum Einsatz kamen. Im Laufe der Wartezeit hatten wir viele Ersatzteile gesammelt und die Einrichtung von Feldwerkstätten vorbereitet. Maschinen und Geräte wurden auf geschlossene Lastwagen geladen, von denen aus die notwendigen Arbeiten ausgeführt wurden.

Neben ihrer kriegswirtschaftlichen Tätigkeit vernachlässigten die Russen auch die »politischen Aspekte« nicht. Wieder verhaftete und entführte die Russische Geheimpolizei NKWD Bürger und Familien, dieses Mal solche, die unter dem Verdacht standen, mit den Deutschen zusammengearbeitet zu haben. Tausende von nationalistischen Ukrainern und Polen wurden in Eisenbahnwaggons nach Sibirien und in Arbeitslager im »sozialistischen Hinterland«

gebracht. Gleichzeitig siedelten die Russen die polnische Bevölkerung nach Westen um. Diese Manöver verschafften ihnen die Möglichkeit, Ostpolen mit seiner reichen Erde, der besten Europas, zu annektieren.

Eine Massenauswanderung nach Westen setzte ein. Auch ich wollte nicht mehr an die Stätten zurückkehren, wo ich so gedemütigt worden war und wo die Ehre des Menschen so gering geschätzt wurde. Ich wollte nach Westen gehen. Dafür brauchte ich aber eine Auswanderungsgenehmigung, die es beim »Repatriierungsamt« in Czortkow gab. Aus Mißtrauen gegen die von Sowjets geleiteten Behörden war vor mir noch niemand dort gewesen; obwohl sich in der Zivilverwaltung schnell eine russisch-polnische Zusammenarbeit entwickelt hatte und bald auch eine polnische Übergangsregierung eingesetzt werden würde, waren alle unsicher. Man erzählte sich, daß Antragsteller nach Sibirien geschickt würden. Ich ging dennoch zum »Repatriierungsamt« und beantragte die Genehmigung zur Auswanderung nach Westpolen. Einige meiner Kameraden, die das gleiche vorhatten, begleiteten mich bis zum Gebäude und warteten draußen, um zu sehen, ob ich heil wieder herauskommen würde.

Im Büro empfingen mich drei Zivilisten, die, nachdem sie viele Fragen gestellt hatten, sagten, daß ich auswanderungsberechtigt sei. Ich füllte allerhand Formulare aus und bekam vom Büroleiter den Auswanderungsschein. Er gab mir feierlich die Hand und überreichte mir den Auswanderungsschein mit der Nummer 1. Er hoffe, das sei ein guter Anfang.

Die Höflichkeit des Mannes verunsicherte mich, und ich wußte nicht, ob ich das ganze für wahr oder für eine Komödie halten sollte. Ich weiß auch nicht, ob ich mich bedankt habe, ich erinnere mich nur, daß ich das Büro schnell verließ, zu meinen Kameraden lief und mit ihnen in eine nahe Gaststube ging, wo wir den Schein gründlich untersuchten. Es war wirklich ein historisches Dokument: Auswanderungsschein Nr. 1, datiert vom 27. September 1944. Er war ausgestellt von der »Sowjetisch-polnischen Repatriierungskommission«, verfaßt in zwei Sprachen und unterschrieben von einem polnischen und einem russischen Beamten.

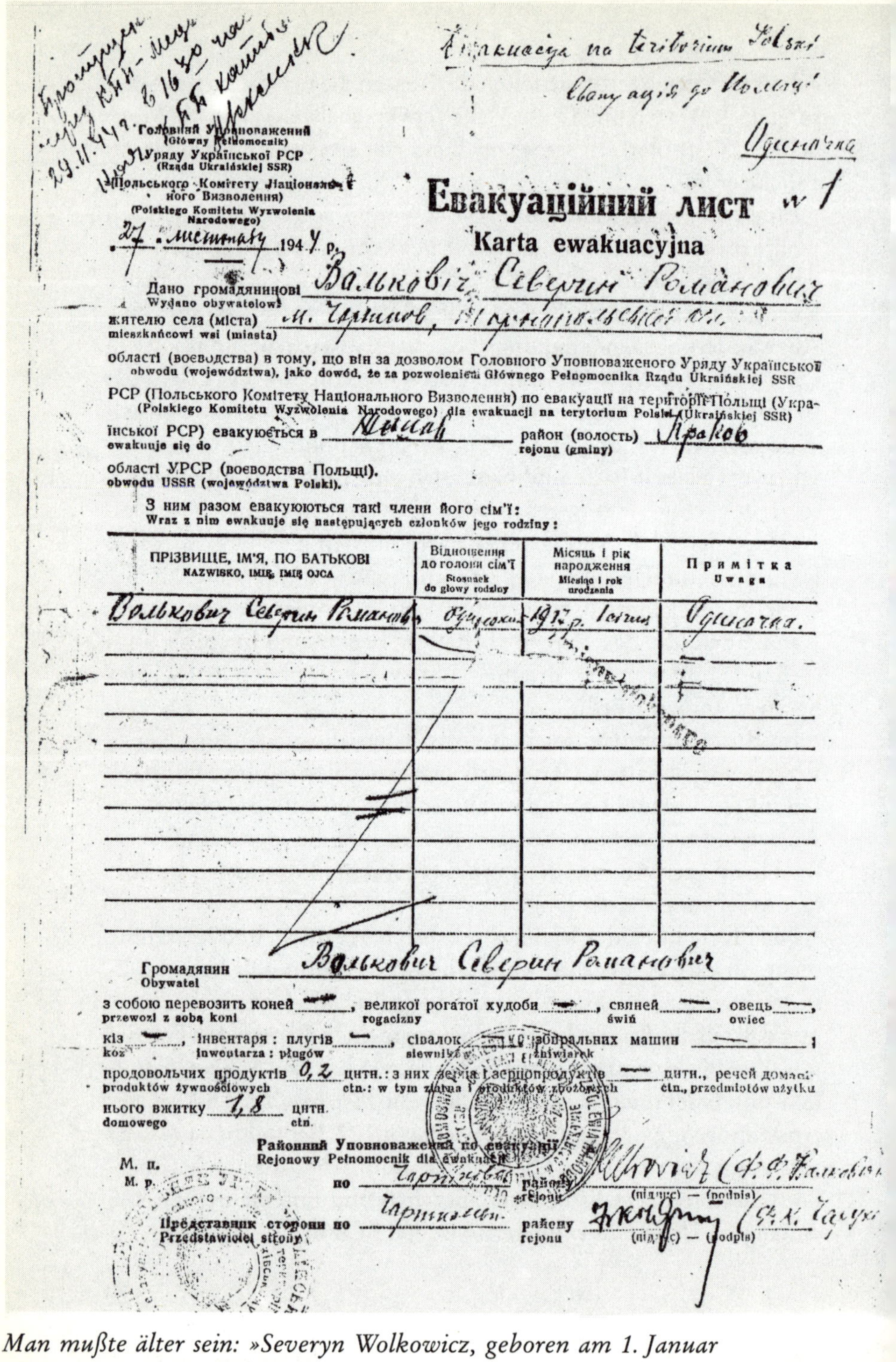

Евакуація на територію Польщі

Евакуація до Польщі

Одиночка

Головний Уповноважений
(Główny Pełnomocnik)
Уряду Української РСР
(Rządu Ukraińskiej SSR)
Польського Комітету Національного Визволення)
(Polskiego Komitetu Wyzwolenia Narodowego)

27 листопада 1944 р.

Евакуаційний лист № 1

Karta ewakuacyjna

Дано громадянинові / Wydano obywatelowi: Вольковіч Северин Романович

жителю села (міста) / mieszkańcowi wsi (miasta): м. Чортков, Тернопольської обл.

області (воєводства) в тому, що він за дозволом Головного Уповноваженого Уряду Української
obwodu (województwa), jako dowód, że za pozwoleniem Głównego Pełnomocnika Rządu Ukraińskiej SSR
РСР (Польського Комітету Національного Визволення) по евакуації на територію Польщі (Української РСР)
(Polskiego Komitetu Wyzwolenia Narodowego) dla ewakuacji na terytorium Polski (Ukraińskiej SSR)
евакуюється в / ewakuuje się do: Польщі — район (волость) / rejonu (gminy): Краков

області УРСР (воєводства Польщі).
obwodu USSR (województwa Polski).

З ним разом евакуюються такі члени його сім'ї:
Wraz z nim ewakuuje się następujących członków jego rodziny:

ПРІЗВИЩЕ, ІМ'Я, ПО БАТЬКОВІ / NAZWISKO, IMIĘ, IMIĘ OJCA	Відношення до голови сім'ї / Stosunek do głowy rodziny	Місяць і рік народження / Miesiąc i rok urodzenia	Примітка / Uwaga
Волькович Северин Романович	Одиночка	1917 р. 1 січня	Одиночка.

Громадянин / Obywatel: Волькович Северин Романович

з собою перевозить коней / przewozi z sobą koni —, великої рогатої худоби / rogacizny —, свиней / świń —, овець / owiec —,
кіз / kóz —, інвентаря: плугів / inwentarza: pługów —, сівалок / siewników —, збиральних машин / żniwiarek —;
продовольчих продуктів / produktów żywnościowych 0,2 цнтн. / ctn.: з них зерна і зернопродуктів / w tym ziarna i produktów zbożowych — цнтн. / ctn., речей домашнього вжитку / przedmiotów użytku domowego 1,8 цнтн. / ctn.

М. п. / M. p.

Районний Уповноважений по евакуації / Rejonowy Pełnomocnik dla ewakuacji
по Чортківському району / rejonu — (підпис) — (podpis)

Представник сторони по Чортківському району / Przedstawiciel strony rejonu — (підпис) — (podpis)

Man mußte älter sein: »Severyn Wolkowicz, geboren am 1. Januar 1917.« Evakuierungsschein Nr. 1 vom 27. September 1944.

Rasierklingen

Zwischen Krieg und Frieden

Mit meiner Militäreinheit verließ ich Czortkow und verbrachte noch zwei Monate in der Gesellschaft russischer Soldaten. Wir fuhren in einem Militärlastwagen über Lemberg in eine Stadt namens Rzeszow und von dort nach Krakau. Auf dem Weg nach Krakau kamen wir durch Zloczow. Ich wagte es, meine »Grabstätte« zu besuchen, ging zum Gefängnis und fand die Grube von Unkraut bewachsen.

Ich fuhr zum Stadtkommandanten und erzählte ihm von dem Massenmord, der drei Jahre zuvor auf der Festung Zamek stattgefunden hatte. Der Mann wußte nichts davon und war bereit, mit mir dorthin zu fahren. Ich bat ihn, die Stätte zu pflegen und eine Gedenktafel anzubringen.

Von Zloczow ging es weiter nach Krakau. Im Januar 1945 kamen wir an, nur wenige Tage, nachdem die Stadt von den Russen erobert worden war. Ich wurde vom Militärdienst befreit und hatte die Absicht, bis zum Kriegsende in Krakau zu bleiben. Meine Freundin Betty Scheinholz, die später meine Frau werden sollte, kam auch nach Krakau. Wir kannten uns schon aus Lemberg. Dann hatten wir uns in Czortkow wiedergetroffen, wo ich mit Bumek bei ihren Eltern wohnte. Ich fand in Krakau eine Wohnung, die groß genug war, um auch unsere Eltern aufzunehmen; zuerst zogen Bettys Eltern ein, später wohnten auch meine Eltern darin.

Ich begann Arbeit zu suchen. Ich wollte nicht wie andere Juden, die nach Krakau gekommen waren, mit schwarzen Dollars auf dem

Sikiennice-Platz handeln. In vielen Betrieben stellte ich mich vor, aber trotz des großen Mangels an geschulten Arbeitskräften wollte mich niemand anstellen – nur, weil ich Jude war. Nach den Gesprächen mit den polnischen Werksleitern konnte ich mich kaum beruhigen. Sie drehten und wanden sich wie Schlangen, um ein überzeugendes Argument für ihre Ablehnung zu finden. Der wahre Grund war klar: Polen war zwar schon von der deutschen Besatzung befreit, doch die Rote Armee kämpfte noch um Berlin, so daß eine neuerliche politische Veränderung immer noch möglich war. Die Werksleiter sorgten für alle Fälle vor.

Als ich die Hoffnung schon fast aufgegeben hatte, bekam ich ein Vorstellungsgespräch beim Leiter des Industrieamtes in Krakau. Er versprach, mir eine passende Arbeit zu verschaffen, und hielt sein Versprechen. Als ich ihn nach einer Woche fragte, konnte er mir mitteilen, daß ich Leiter einer Rasierklingenfabrik namens »Toledo« werden könne. Das Werk war im Krieg von den deutschen Behörden beschlagnahmt worden und gehörte jetzt der polnischen Übergangsregierung.

Aufgrund meiner schlechten Erfahrungen gab ich mich nicht mehr als Jude zu erkennen, und niemand wäre von selbst darauf gekommen. Später wurde mir völlig klar, daß ich als Jude die Fabrik nicht hätte leiten können.

Rasierklingen waren ein begehrter Artikel; wir brachten Millionen davon auf den Markt. Das Rohmaterial, das noch aus der Zeit der deutschen Besatzung stammte, ging bald aus. Wir mußten also neues Stahlband beschaffen, um die Produktion fortsetzen zu können. Doch es stellte sich heraus, daß dieser Stahl nie in Polen erzeugt, sondern aus Schweden importiert worden war. Was sollten wir machen – die Fabrik schließen?

Nach langer Suche brachte ich in Erfahrung, daß auch in der Tschechoslowakei, in Bratislawa, Rohmaterial für Rasierklingen erzeugt wurde. Ich versuchte, die nötigen Ausweise für eine Reise zu bekommen. Das polnische Industrieministerium gab mir ein Begleitschreiben mit. Im Frühjahr 1945 machte ich mich auf den Weg nach Bratislava. Tatsächlich fand ich unter den verschiedenen Werken die Fabrik, die das gesuchte Stahlband herstellte.

Ich wurde freundlich empfangen. Da aber jeder Export durch das Ministerium genehmigt werden mußte, fuhr ich weiter nach Prag. Auch dort zeigten die Beamten Entgegenkommen und vermittelten mir ein persönliches Gespräch mit dem stellvertretenden Industrieminister. Dieser nette Mann erklärte mir, man sei gerne bereit, Stahl nach Polen zu liefern, aber die Zahlung in polnischer Währung könne man nicht annehmen. Man sei bereit, andere Rohstoffe als Entgelt zu nehmen, z.B. Schwefel, den Polen in der Vergangenheit gegen harte Währung, etwa Dollar, an die Tschechoslowakei geliefert hatte.

Ich kehrte entmutigt nach Krakau zurück. Mir war klar, daß es eine komplizierte Angelegenheit war, in diesen Tagen einen Tauschhandel zwischen den beiden Staaten zu organisieren. Ich kannte auch niemanden, der die bürokratischen Prozeduren in die Hand nehmen konnte. Da kam mir plötzlich die Idee, in Dollar zu zahlen. Ich rechnete mir aus, daß selbst dann, wenn ich Dollar auf dem schwarzen Markt in Krakau kaufen müßte, um damit in Prag zahlen zu können, der Einkaufspreis des Stahls immer noch niedrig genug wäre, um weiterzuproduzieren, ohne die Preise zu erhöhen. Vielleicht mußten wir die Fabrik doch nicht schließen.

Natürlich konnte dieses Geschäft nicht offiziell abgewickelt werden. Ich erzählte niemandem in der Fabrik von meinen Plänen. Bei der Bank bekam ich polnische Zloty für den Einkauf des Rohmaterials, kaufte auf dem schwarzen Markt Dollar und fuhr wieder nach Prag. Gegen Dokumente zahlte ich in der Zentralbank meine Dollar ein, bekam die Bescheinigungen für die Lieferung des Stahls und fuhr damit in die Fabrik in Bratislava. Alles klappte, ich konnte beruhigt und zufrieden nach Krakau zurückfahren.

Die Fabrik hatte wieder Rohmaterial und konnte weiterarbeiten. Nur die Beamten im polnischen Industrieministerium konnten nicht begreifen, wie ich Stahl gegen polnische Währung hatte erwerben können. Dieses Geschäft zwischen Polen und der Tschechoslowakei hatte eine besondere Bedeutung, denn es war eines der ersten, das nach dem Krieg zwischen den beiden Staaten getätigt wurde.

Ich möchte aus diesen Tagen im Frühjahr 1945 erzählen. Eines Tages traf ich auf der Straße meine Tante aus Zloczow, die mit mir am Tag des Massenmords im Gefängnis Zamek war und mit den anderen Frauen freigelassen wurde. Ich lud sie zu uns ein, damit sie mit meinen Eltern zusammentreffen konnte. Das Gespräch drehte sich natürlich hauptsächlich um die Ereignisse im Gefängnis, um meine Rückkehr in der Nacht und ihre Phantasien, die dabei entstanden waren. Bis zu diesem Treffen hatte ich immer das Gefühl gehabt, daß meine Eltern von dem Bericht über meine Rettung nicht ganz überzeugt waren und glaubten, ich hätte etwas übertrieben.

Meine Tante erzählte uns, daß ihr Mann, mein Onkel, im Arbeitslager ermordet worden war, und daß ihre kleine Tochter im Ghetto erkrankte und starb. Dora war es ebenso wie meiner Tante gelungen, sich bei einer polnischen Familie zu verstecken. Eines Tages traf ich sie zufällig in Krakau wieder. Auch wir gingen die schrecklichen Tage, die wir zusammen erlebt hatten, noch einmal durch und fanden, daß wir sehr viel Glück gehabt hatten.

An einem kalten Wintertag kam eine Frau in mein Büro in der Fabrik. Sie stellte sich als Gattin von Kominowski vor, der in der Zigarettenfabrik in Jagielnica für die Wach- und Sicherheitsdienste verantwortlich gewesen war. Ich freute mich sehr über dieses Treffen und fragte sie, womit ich ihr behilflich sein könne. Sie erzählte mir, daß ihr Mann einen Monat zuvor von der UB (Urzad Bespieczenstwa), der polnischen Sicherheitspolizei, verhaftet und als Volksdeutscher der Zusammenarbeit mit den Nazis beschuldigt worden war. Kominowski hatte ihr aus dem Gefängnis heraus zu verstehen gegeben, sie solle uns, die Familie Wolkowicz, finden und jemanden von uns bitten, ihn zu besuchen. Sie selbst durfte das nicht; sie war froh, daß ihr langes Suchen nicht umsonst gewesen war.

Ich erklärte der netten Dame, daß ich nie Beziehungen zur UB gehabt hatte und dort niemanden kannte, daß ich aber am nächsten Tag versuchen könne, mit dem Beamten zu sprechen, der die Akte ihres Mannes bearbeitete. Frau Kominowski dankte mir und ging hoffnungsvoll fort. Ich möchte den Leser hier daran erinnern, daß

Kominowski derjenige war, der in der Nacht vor der »Liquidierung« der Juden in der Fabrik meinem Vater Zeichen gegeben hatte zu verschwinden.

Am nächsten Morgen ging ich zur UB. Zuerst fürchtete ich mich, das Gebäude zu betreten, dann ging ich hinein. Ich erfuhr den Namen des Beamten, der die Kominowski-Akte bearbeitete. Ich rief ihn durch das Haustelefon an und bat ihn, mich zu empfangen. Er erklärte sich bereit dazu und bestellte mich am nächsten Morgen um neun Uhr in sein Büro. Ich traf einen freundlichen Mann, ungefähr in meinem Alter, und wir verstanden uns sofort. Ich sagte ihm, warum ich gekommen war und bat ihn, mir zu erklären, wessen man Kominowski beschuldigt hatte.

Der junge Mann beantwortete meine Fragen. Ich bat ihn darum, ein Leumundszeugnis für Kominowski ablegen zu dürfen und seine Rolle und sein Verhalten in Jagielnica zu beschreiben. Die Aufnahme des Protokolls dauerte zwei Stunden. Der Mann versprach, mir am nächsten Morgen Bescheid zu geben, wie die Aussichten für Kominowskis Freilassung stünden.

Ich war überrascht, als er mich bei unserem nächsten Telefongespräch zum Abendessen einlud. Wir trafen uns in seiner Wohnung. Seine Freundin und einige Bekannte waren auch dabei, und es wurde schnell klar, daß sie Juden waren. An diesem Abend freundeten wir uns an und trafen uns dann öfter, meist bei ihm zu Hause, da er sich wegen seines Postens als UB-Beamter nicht gern in der Öffentlichkeit zeigte.

Kominowski wurde zwei Wochen nach meiner Zeugenaussage aus dem Gefängnis entlassen. Ich war froh darüber, daß es mir gelungen war, diesem Mann, der uns mit seinem Zeichen gerettet hatte, ebenfalls zu helfen.

Ich habe schon erwähnt, daß die Polen gar nicht begeistert darüber waren, Juden unter sich zu sehen. Zu ihrem großen Ärger kamen Hunderte, die sich hatten retten können, aus allen Teilen Polens nach Krakau. Als ich eines Tages mit den Abteilungsleitern der Fabrik in einer Sitzung saß, öffnete sich die Tür, die Frau eines Abteilungsleiters kam jubelnd herein und schrie: »Die Juden haben ein polnisches Kind in ihre Synagoge entführt und an ihm einen Ritualmord begangen, aber jetzt töten wir die Juden auf den Straßen.«

Ich starrte einige Sekunden entsetzt auf die Frau, dann wies ich sie scharf an: »Gehen Sie sofort aus dem Zimmer!« Sie verließ den Raum. Die Anwesenden verstanden den Vorfall nicht. Sie glaubten, daß meine Empörung die Reaktion auf ihren unerlaubten Eintritt war. Ich unterbrach die Sitzung und beeilte mich, in die Stadt zu kommen, um mich zu vergewissern, was passiert war. Bei der Synagoge hatten sich viele Menschen versammelt, denn es hatte wirklich ein Pogrom stattgefunden. Der Pöbel hatte in der Synagoge schweren Schaden angerichtet. Die UB hatte inzwischen schon eingegriffen und viele Unruhestifter verhaftet, auf Lastwagen geladen und in das Gefängnis abgeführt.

Die Entführung eines polnischen Kindes war natürlich reine Erfindung gewesen. Es stellte sich heraus, daß Mitglieder der polnischen Endekenpartei diese »Vorstellung« inszeniert hatten. Die nationalistische Endekenpartei verlangte den Widerruf aller Rechte, die die Minderheiten in Polen, auch die Juden, von der polnischen Übergangsregierung erhalten hatten. Nur weil die Polizei schnell eingriff, konnten Morde verhindert und das Pogrom gestoppt werden, das dieses Mal von »reinen« Polen angezettelt worden war.

Viele der überlebenden Juden waren erschüttert von diesem Vorfall. Für mich war er ein Zeichen, Polen eher zu verlassen, als ich ursprünglich geplant hatte.

Fort von hier

Displaced Persons

Meine Freundin verließ Polen mit ihren Eltern und zog nach Budapest. Ich blieb mit Vater und Mutter noch in Krakau, hatte jedoch vor, meine Tätigkeit in Krakau abzubauen und informierte die Vorgesetzten im Industrieministerium von der Absicht, den Posten aufzugeben. Innerhalb von zwei Monaten traf ich alle Vorbereitungen und fuhr dann nach Budapest, wo ich mich der Familie Scheinholz anschloß. Wir fuhren zusammen nach Österreich, in das amerikanische Besatzungsgebiet, und kamen in ein Lager von »Displaced Persons«, jüdischen Auswanderern und Zwangsvertriebenen in Monichholz, in der Nähe von Steyr. Die Lebensbedingungen im Lager, das von der UNRRA, der »United Nations Relief and Rehabilitation Administration«, geleitet wurde, waren gut. Wir hatten schöne Wohnungen und bekamen reichlich Essen. Ein Kuriosum war, daß die amerikanischen Soldaten jeden Morgen Kriegsgefangene aus den SS-Einheiten ins Lager brachten, die Dienstleistungen für uns verrichten mußten.

Nach einigen Monaten wurden wir nach Ranshofen in der Nähe von Braunau, Hitlers Geburtsstadt, gebracht. Auch hier hatten wir gute Wohnungen. Jede Familie führte ihren eigenen Haushalt. Eines Tages bekam ich die Nachricht, daß auch meine Eltern nachkommen wollten. Ich empfing sie in Linz, und meine Eltern, mein Bruder und meine Schwester schlossen sich uns an.

Das Leben im Lager war langweilig. Ich suchte in den Steyr-Werken, die in der Stadt lagen, Arbeit, erfuhr aber eine ähnliche

Zurückweisung wie in Polen. Im Lager waren noch etwa zwanzig junge Leute, die nichts zu tun hatten. Ich wandte mich an den Lagerleiter der UNRRA und bat ihn um Erlaubnis, eine Fahrschule zu eröffnen. Er nahm meinen Vorschlag gerne an, und auch die Jungen waren froh, ihre Zeit sinnvoll nutzen zu können. Wir bekamen eine Art »Klassenzimmer«, und zwei Wochen später fing der Fahrschulkurs an. Jeden Tag drei Stunden lang erklärte und demonstrierte ich meinen Schülern die verschiedenen Teile des Autos, eigentlich viel gründlicher als notwendig, um die theoretische Prüfung zu bestehen. Wir hatten viel Zeit, und die Teilnehmer fanden am Thema Interesse. Ein Fahrzeug für den praktischen Teil des Kurses hatten wir noch nicht.

Die UNRRA war nicht bereit, uns ein Fahrzeug zur Verfügung zu stellen. Ich kaufte daher einen kleinen Opel Lastwagen, der einen Unfall gehabt hatte, und in einer Werkstatt in der Umgebung wurde der Wagen repariert und konnte fahren. Auch für die Fahrstunden nahmen wir uns viel Zeit. Bei der theoretischen Prüfung durch Österreicher übersetzte ich aus dem Polnischen ins Deutsche und aus dem Deutschen ins Polnische, meine Schulkenntnisse aus Lemberg reichten dafür. Trotz verschiedener Schwierigkeiten bestanden alle Teilnehmer die Fahrprüfung und bekamen einen österreichischen Führerschein. Auch ich habe bei dieser Gelegenheit die Fahrschulprüfung abgelegt und einen österreichischen Führerschein bekommen, den ich bis heute aufbewahrt habe.

Ich hatte den Lesern versprochen, über besondere Ereignisse während der Kriegszeit zu berichten. Ich kann ein Ereignis nicht übergehen, das sich meistens nur einmal im Leben ereignet: Im September 1946 heiratete ich. Unsere Eltern trafen alle Vorbereitungen. Die Hochzeit fand in deren Wohnung statt. Wir, das junge Paar, bekamen in Braunau eine Wohnung, deren Fläche neun Quadratmeter betrug. So fingen wir unser gemeinsames Leben an.

Nach dem Ende des Fahrschulkurses suchte ich nach einer neuen Beschäftigung. Ohne Arbeit wurden mir die Tage lang. Damals hörte ich zum ersten Mal von der »Fluchtorganisation« in Salzburg.

In den Jahren 1944 bis 1948, nach der deutschen Niederlage, versuchten die alliierten Mächte, die vielen»Displaced Persons« in ihre Heimatländer zurückzuführen. Etwa 10 Millionen Kriegsflüchtlinge aller Nationen sollten »repatriiert« werden. Eine Massenwanderung von Flüchtlingen auf allen Straßen Europas begann. Darunter waren auch etwa 250.000 jüdische Überlebende, die aus Osteuropa in den Westen zogen.

Die Juden, die hauptsächlich aus der Sowjetunion, aus Polen und den baltischen Staaten kamen, weigerten sich, in ihre »Heimatländer« zurückzugehen. Sie versuchten, wegen der schrecklichen Erfahrungen in diesen Ländern in die jüdischen Übergangslager zu kommen, die in der amerikanischen Besatzungszone, in Deutschland, Österreich und Italien errichtet worden waren. Hier konnten sie vor einer »Repatriierung« relativ sicher sein. Zugleich wünschten viele eine Auswanderung nach Palästina. Die freie jüdische Welt war nicht darauf vorbereitet, ein Problem von solchen Dimensionen zu meistern.

Die ersten freien Juden, die den Überlebenden begegneten, waren Soldaten der alliierten Mächte und später die Soldaten der Jüdischen Brigade, die zur britischen Armee gehörte und an der Eroberung Italiens teilgenommen hatte.

Diese jüdischen Soldaten und andere Freiwillige, die aus Palästina kamen und der »Hagana«, der jüdischen Verteidigungsorganisation, angehörten, bildeten die »Fluchtorganisation«, hebräisch die »Bricha«, deren Ziel es war, jüdische Flüchtlinge aus Europa nach Palästina zu bringen. Die »Bricha« hatte zwei Probleme zu lösen: Zuerst mußten die Flüchtlinge aus Europa, insbesondere aus Osteuropa, in jüdische Übergangslager in Deutschland, Österreich und Italien gebracht werden. Damit sollte ihre zwangsweise Rücksiedlung nach Osten vermieden werden. Dann versuchte man, die Flüchtlinge auf illegalen Wegen nach Palästina zu bringen, da bis zum Jahre 1948 die britische Mandatsmacht in Palästina die legale jüdische Einwanderung auf ein Minimum beschränkt hatte und den Flüchtlingen die Einwanderung verweigerte. Die Aufgabe, einen Weg nach Palästina zu öffnen, übernahm die »Einwanderung B«. Die Arbeit war illegal.

Die Persönlichkeiten, die »Bricha« und »Einwanderung B« gründeten und leiteten, waren Yehuda Arasi und Shaul Avigur, beide hochrangige Mitglieder der jüdischen Verteidigungsorganisation in Palästina, die ebenfalls noch auf illegale Wege angewiesen war.

Ich fuhr nach Salzburg, zum »Haus der Bricha«, und nach mehreren Gesprächen mit Mitgliedern der Organisation, vor allem auch mit dem Freund David, traf ich den Leiter der Ortsstelle in Salzburg, Zemach. Ich bat ihn, in die »Bricha« aufgenommen zu werden und an ihrer Tätigkeit teilnehmen zu dürfen. Dabei bot ich ihm auch eine wichtige »Mitgift« an, den Lastwagen, den ich für die Fahrschule erworben hatte.

Ich bekam eine positive Antwort und zog mit meiner Frau in das »Haus der Bricha« in Salzburg um. Wir bekamen dort ein Zimmer, und eine aufregende Zeit begann.

Die jungen Leute, mit denen wir zusammenarbeiteten, engagierten sich bedingungslos für die Ziele der Fluchthilfeorganisation, und jedes Mal, wenn wir bei Nacht von einer gelungenen »Operation« zurückkehrten, empfand auch ich eine tiefe seelische Befriedigung. Die Arbeitsmethoden der »Bricha« waren in den verschiedenen Ortsgruppen immer ähnlich: In den Übergangslagern standen der Organisation Baracken zur Verfügung, in denen sich Flüchtlingsgruppen zusammenfanden, einige Tage blieben, dann bei Nacht mit Lastwagen zum Beispiel an die österreichisch-deutsche Grenze gefahren wurden und dann zu Fuß über die Grenze gingen. Angehörige der »Bricha« empfingen sie auf der anderen Seite. Nach dem Grenzübertritt wurden sie zu Sammelplätzen oder direkt zur Bahn gebracht, mit der sie etwa nach München fuhren, um von dort – wieder mit Lastwagen – über die deutsch-französische Grenze bis nach Marseille zu gelangen, von wo aus Schiffe nach Palästina fuhren.

Die Wege der Flucht in die Freiheit waren oft schwierig und mühsam. Männer, Frauen, Greise und Kinder schritten bei eiskaltem Wetter bis zur Erschöpfung über schneebedeckte Berge. Doch der Drang nach einem neuen Leben härtete sie ab und gab ihnen die Kraft, Schwierigkeiten und Hindernisse zu überwinden.

Die Mitarbeiter der »Bricha« arbeiteten unentgeltlich und erhielten nur Kleidung und Verpflegung. Es war ihnen streng verboten, ihre Stellung für irgendeinen privaten Zweck auszunutzen. Ich hatte Gelegenheit, freiwillig einem hohen Ziel zu dienen – Rettung und Auswanderung der Juden nach Palästina –, und nicht nur für geschäftliche oder persönliche Interessen tätig zu sein. Nachdem ich den Holocaust überleben konnte, verliehen die drei Jahre in dieser wunderbaren Organisation meinem Leben einen neuen Sinn.

Insgesamt brachten »Bricha« und »Einwanderung B« ungefähr 300.000 Menschen nach Palästina. Im Jahr 1948, nach der Gründung des Staates Israel, stellte »Einwanderung B« ihre Tätigkeit ein, denn jetzt gab es legale Wege der Einwanderung. Doch bis die zionistische Organisation anfing, sich der Einwanderer anzunehmen, führten wir unsere Tätigkeit weiter.

Meine Kameraden und ich in der Ortsstelle Salzburg schoben unsere Auswanderung nach Israel etwas auf, um Maschinen und Ausrüstung für die Errichtung eines Maschinenersatzteilwerkes in Israel einzukaufen, das uns und anderen Mitgliedern der »Bricha« gemeinsam gehören sollte. Im April des Jahres 1949 verließen wir Österreich und machten uns auf den Weg nach Bari in Süditalien. Zusammen mit meinem Freund David und seiner Mutter warteten wir auf das Cargoschiff »Caserta«, das uns nach Haifa bringen sollte. Nach zehn Tagen des Wartens verließen wir Bari, und an einem Samstagmorgen, dem 3. Mai 1949, sahen wir den Umriß des Berges Karmel aus dem Meer aufsteigen.

Wir waren erschüttert und glücklich. Wir konnten kaum glauben, daß wir nach so vielen Jahren der Mühsal und des Leidens, nach einem Leben auf dem schmalen Grat zwischen Hoffnung und Verzweiflung nun das Panorama Haifas sahen, das uns eine Zukunft in Freiheit verhieß.

Wir waren gerettet, doch ich dachte an diesem schönen Morgen an die Menschen aus unserer Familie, denen es wie vielen anderen nicht gelungen war, sich zu retten. Nur meine Cousine, die mit uns zusammen in der Fabrik gelebt hatte, konnte den Holocaust überleben und emigrierte später in die USA. Ihr Bruder, der in der Luftwaffe der Roten Armee gedient hatte, fand seinen Tod am letzten Tag des Krieges, als sein Flugzeug bei einem Luftgefecht abgeschossen wurde.

Unter Zeugen

Mordprozesse in Deutschland

Ich habe persönlich meinen Teil zum Sieg der Gerechtigkeit beigetragen, indem ich bei drei Mordprozessen im Zusammenhang mit nationalsozialistischen Verbrechen als Zeuge ausgesagt habe.

Nachdem in israelischen Zeitungen Anzeigen erschienen waren, die nach Zeugen der Nazi-Verbrechen im Gebiet von Czortkow suchten, schrieb ich den Inserenten und stellte mich zur Verfügung. Nach Vorgesprächen in Israel, unter anderem mit einem deutschen Staatsanwalt, wurde ich dreimal gebeten, bei Gerichtsverfahren auszusagen, die zu unterschiedlichen Zeiten und an verschiedenen Orten in Deutschland stattfanden.

Der erste Prozeß fand in Hagen/Westfalen statt. Ich wurde im Oktober 1960 als Zeuge vorgeladen und muß gestehen, daß ich vor Prozeßbeginn starke innere Konflikte hatte. Sollte ich wirklich nach Deutschland fahren, um verbrecherischen Gestapo-Leuten gegenübergestellt zu werden? Sollte ich wirklich die schrecklichen Erlebnisse, die ich jahrelang in mir verschlossen hatte, erzählen? Trotz vieler Bedenken beschloß ich zu fahren.

Der Prozeß vor dem Hagener Schwurgericht fand gegen Paul Thomanek statt, den ich aus Jagielnica kannte und der ein grausamer Mörder gewesen war. Zwei Wochen lang wurden die Zeugen der Anklage vernommen. Für mich war es eine schwere seelische Belastung, im Zeugenstand zu stehen und die entsetzlichen Ereignisse in allen Einzelheiten schildern zu müssen.

Ich hatte Thomanek zufällig bei einem meiner Besuche im Lager Nagorzanka nahe der Fabrik getroffen. An jenem Tag waren drei junge, schöne Mädchen, die aus Tarnopol stammten und auf dem Bauerngut Marylowka in der Umgebung arbeiteten, in das Lager gekommen, um Verwandte zu besuchen. Als sie das Lager wieder verlassen wollten, begegneten sie Thomanek, der gerade mit seinem Wagen angekommen war. Er fragte sie, was sie im Lager machten, und die drei antworteten ihm, sie seien bei Verwandten zu Besuch gewesen.

Ohne Kommentar zog Thomanek seinen Revolver und richtete ihn auf die drei Mädchen. Sie fielen vor ihm auf die Knie und flehten um Erbarmen, aber Thomanek jagte ihnen, ohne mit der Wimper zu zucken, mitten im Hof eine Kugel durch den Kopf. Totenstille verbreitete sich.

Thomanek stand vor seinen Opfern und schaute sich sein »Werk« an. Als der Lagerführer, ein deutscher Jude namens Hahn, erschien, wies Thomanek auf die Leichen und befahl, sie hinter den Baracken zu begraben. »Das ist die Strafe, wenn man das Lager unerlaubt verläßt!« fügte er noch hinzu. Ich stand mit einer Gruppe von Kameraden auf der anderen Seite des Hofes, gegenüber dem Tor, und sah diesen schrecklichen Vorfall mit an, der das Blut in meinen Adern erstarren ließ.

Im Zeugenstand erzählte ich alles dem Gericht. Die drei Richter, vor allem der Vorsitzende, zeigten Sympathie und verhielten sich unterstützend den Zeugen gegenüber. Ich fand, daß die Verhandlungen korrekt geführt wurden. Der Angeklagte leugnete natürlich die Tat und behauptete hartnäckig, daß er sich persönlich nicht an dem Mord beteiligt habe.

Der vorsitzende Richter forderte ihn auf, seine Aussagen zu wiederholen und zu berichten, was er denn mit eigenen Augen gesehen habe. Er verlangte von ihm, seine Aussagen nochmals, dann ein drittes und viertes Mal zu wiederholen. Plötzlich brach Thomanek ab und sagte: »Ich gestehe. Ich habe an der Mordtat aktiv teilgenommen.«

Er senkte den Kopf und weinte. Nach einiger Zeit sagte er: »Ich bereue meine Taten.«

Ob seine Reue aufrichtig war, weiß ich nicht. Ich bereute nicht, daß ich zu diesem Prozeß gekommen war und die Qual der Zeugenaussage auf mich genommen hatte. Im Gegenteil, ich kehrte beruhigt nach Hause zurück, da der Verbrecher seine gerechte Strafe erhalten hatte – lebenslängliche Haft.

Der zweite Prozeß fand gegen Kurt Köllner und Heinrich Peckmann in Saarbrücken statt. Ich sagte am 4. Mai 1962 aus. Köllner, den ich schon in meinem Bericht über das Gefängnis in Czortkow erwähnt habe, hatte bei der Gestapo einen hohen Posten inne; als »Judenreferent« hatte er sich mit allen die Juden betreffenden Angelegenheiten zu befassen.

Dieser Prozeß unterschied sich deutlich vom Verfahren gegen Thomanek. Alles war komplizierter, und Köllners Überführung ist eine Geschichte für sich, die ich von Anfang an berichten will.

Michael Kessler, ein Kamerad aus Czortkow, lebte nach dem Krieg in Wien und war fast zwanzig Jahre auf der Suche nach Köllner gewesen. Dieser hatte Michaels Mutter sowie zwei weitere Frauen ermordet, als er sie in Czortkow außerhalb des Ghettozaunes angetroffen hatte. Der »Judenreferent« Köllner, der gerade mit seinem Auto vorbeigefahren kam, erschoß sie auf offener Straße. Viele Leute sahen ihn dabei.

Im Jahr 1960 fand Michael nach langem Suchen die Frau eines gewissen Herrn H., der Leiter eines landwirtschaftlichen Gutes in der Nähe von Jagielnica gewesen war und vielen Juden, auch Michael, geholfen hatte. Damals pflegte Köllner die schöne Frau H. regelmäßig zu besuchen, und Michael behauptete, vieles über die Liebesbeziehung, die nach seinen Aussagen zwischen beiden bestand, zu wissen.

Als es Michael gelungen war, Frau H.s Adresse ausfindig zu machen, reiste er sofort nach Deutschland, besuchte sie und lud sie zum Kaffee ein. Er nahm an, daß ihre Beziehungen zu Köllner noch bestanden und bat sie um dessen Adresse. Da Frau H. dem Thema auswich und sich hartnäckig weigerte, die Adresse herauszugeben, sagte Michael ganz einfach, er wolle ihrem Mann von der Beziehung zu Köllner berichten. Frau H. bekam Angst und gab

Michael Köllners Adresse, der sofort verhaftet wurde. Ein Jahr lang leugnete er, der Köllner der Gestapo aus Czortkow zu sein. Der Staatsanwalt lud fünf Zeugen, zu denen auch ich gehörte, vor, um Köllner zu identifizieren.

Wir wurden zur Gegenüberstellung vom Gerichtsgebäude in das Gefängnis gefahren. Auf dem Weg erklärten uns Ankläger und Verteidiger, daß in einem Zimmer zehn Männer stehen würden. Unsere Aufgabe sei es, von einem Nebenraum aus einzeln hineinzugehen und unabhängig voneinander festzustellen, an welchem Platz Köllner stehe. Es sei uns verboten, auf ihn zu zeigen und miteinander zu sprechen. Das Ergebnis hatten wir in einem dritten Zimmer mitzuteilen.

Die vier Zeugen, die vor mir waren, sah ich nicht zurückkommen. Vielleicht hatte man sie schon fortgeschickt, damit jede Möglichkeit einer Kommunikation unter uns ausgeschlossen war. Ich kam in das Zimmer, an der Wand standen zehn Männer mit zornigen Gesichtern und strengen Blicken. Ich fühlte mich sehr unbehaglich, doch sah ich mir alle der Reihe nach von rechts nach links sorgfältig an. Als ich zum sechsten kam, hielt ich an. Mein Blick drang tief in Köllners Augen. Ich erkannte sie. Es waren die des Mörders von damals. Köllner blickte mich an und begann zu zittern. Das genügte mir, und ich ging aus dem Zimmer hinaus. Von der Tür aus hatten die Begleiter meine Reaktion und die des Angeklagten verfolgt.

Der Ankläger war so glücklich, daß er mich umarmte. Er hatte Tränen in den Augen und erzählte mir, daß es den vier ersten Zeugen nicht gelungen war, Köllner zu identifizieren, und daß er befürchtet hatte, jetzt sei ein ganzes Jahr Arbeit an der Akte Köllner vergeblich gewesen. Am nächsten Tag beantragte Köllners Anwalt, von seinem Mandat entbunden zu werden. Da Köllner nun identifiziert war, konnte der Prozeß beginnen.

Das Gerichtsverfahren war langwierig und kompliziert. Ich sagte nur gegen Köllner aus, denn obwohl ich auch Peckmann kannte, war ich nie Augenzeuge seiner Grausamkeiten gewesen. Köllner hatte ein phänomenales Gedächtnis, daher mußte ich jedes Wort, das ich sagte, und jedes Detail, das ich erwähnte, sehr genau abwägen. Ich wollte natürlich nicht das Vertrauen der Geschworenen verlieren oder mich in Widersprüche verwickeln, was Köllners Rechtsanwälte gern erreicht hätten. Ich muß hier hinzufügen, daß auch die Richter mir meine Zeugenaussagen sehr schwer machten und viele belanglose Fragen stellten. Es gelang mir aber, die Tatsachen genau und richtig wiederzugeben.

Um alle Einzelheiten des Prozesses zu schildern, müßte ich ein ganzes Buch schreiben. Das wichtigste ist, daß Köllner zu lebenslänglicher Haftstrafe verurteilt wurde. Nach einigen Jahren erzählte mir mein Freund Michael Kessler, daß Köllner den Verstand verloren habe und in eine Irrenanstalt gebracht worden sei. Ich bin der Meinung, daß für Menschen wie ihn dies eine angemessenere Strafe ist als die Todesstrafe.

Der dritte Prozeß wurde gegen Richard Pal und einen Mörder namens Albert Brettschneider geführt, der seine Laufbahn als Köllners Fahrer begonnen hatte. Brettschneider war ein Sadist, der mordete, wo er konnte. Er hatte sich dadurch »ausgezeichnet«, wurde befördert und war von da an bei allen »Aktionen« gegen Juden beteiligt.

Aufgrund meiner Erfahrung im zweiten Prozeß bin ich zu diesem Prozeß besser vorbereitet gegangen. Da ich Pal zwar kannte, aber nie Augenzeuge seiner Taten gewesen war, sagte ich gegen ihn nicht aus. In meiner Zeugenaussage gegen Brettschneider im November 1971 stellte ich die Tatsachen fest, und es gelang mir von Anfang an, das Vertrauen der Geschworenen zu gewinnen. Ich hatte das Gefühl, daß sie mir und nicht den Verteidigern glaubten. Diese versuchten, mich als Delegierten einer israelischen Untergrundorganisation darzustellen, deren Ziel es sei, ehemalige Gestapo-Leute in Gerichtsverhandlungen in Deutschland zu diskriminieren. Als Indiz führten sie an, dies sei ja bereits meine dritte Zeugenaussage bei einem solchen Prozeß. Es war Brettschneider nicht mehr »vergönnt«, das Urteil zu hören, das kurz bevorstand. Er starb während der Gerichtsverhandlung an einem Herzschlag.

Im Rückblick auf die Prozesse erinnere ich mich an die große Spannung, die ich, wenn ich dabeisein konnte, kurz vor der

Urteilsverkündung – »Schuldig« - und dann noch einmal bis zur Verkündung des Strafmaßes – »Lebenslänglich« – durchlebte. Ich hatte dann die Gewißheit, daß ich einen kleinen Beitrag geleistet hatte, die Mörder für den Rest ihrer Tage ins Gefängnis zu bringen. Sie konnten nun jeden Morgen darüber nachdenken, warum sie sich dort befanden.

Bei jedem der Gerichtsverfahren waren die Zuhörerbänke im Gerichtssaal voll besetzt. Außer Journalisten gab es unter den Besuchern viele junge Menschen, die mich in den Verhandlungspausen oder nachher ansprachen und mit denen ich bei einer Tasse Kaffee diskutierte. Ich nahm diese Einladungen gerne an, denn sie gaben mir die außergewöhnliche Möglichkeit, ihnen als Zeitzeuge authentisch die Wahrheit zu erzählen. Ich erklärte diesen jungen Leuten, daß ich sie nicht für die entsetzlichen Verbrechen, die ihre Väter begangen hatten, verantwortlich mache, daß ich aber das Recht und sogar die Pflicht hätte, sie an ihre Verantwortung zu erinnern; sie müßten mithelfen, daß diese schreckliche Vergangenheit nicht in Vergessenheit gerate und sich nicht wiederholen könne.

Ich zeigte ihnen mein Verständnis dafür, daß die Erinnerung für sie keine leichte Aufgabe sei und sie es sicher vorgezogen hätten, die Vergangenheit einfach zu begraben. Es sei gut möglich, daß ihnen ein Gedenken noch schwerer falle als uns Juden, denn wir gedenken der Opfer, während die deutsche Jugend an die Mörder denken muß, die heute noch leben und vielleicht ihre Väter und Großväter sind.

Bei den Prozessen lernte ich auch die damaligen Jurastudenten Petra und Fritz Jost kennen, mit denen ich mich anfreundete. Sie repräsentierten für mich eine junge Generation in Deutschland, die einen anderen Weg der Auseinandersetzung mit dem Holocaust gehen wollte als ihre Eltern. Ich konnte hoffen, daß diese Generation, wenn sie im öffentlichen Leben, zum Beispiel als Richter oder Anwälte, Verantwortung übernahm, zu einer Aufklärung über die Zeit des Holocaust beitragen würde.

Gegen eine Vertuschung der Wahrheit und die in vielen deutschen Gerichten herrschende Tendenz, hohe Gestapo-Offiziere zu geringen Freiheitsstrafen zu verurteilen, kämpfte auch die deutsche Juristin Barbara Just-Dahlmann. Wir Juden schulden dieser mutigen, beeindruckenden Frau großen Respekt. Die Begegnung mit Barbara Just-Dahlmann nach einem der Prozesse stärkte und ermutigte mich auch persönlich. Sie erzählte mir von einem anderen Überlebenden der Pogrome in Zloczow, dem Juden Simon, der ebenfalls in einem Prozeß ausgesagt hatte. Simon hatte sich am Tag des Massenmords in einem Keller versteckt und konnte später mit mehreren anderen jüdischen Familien in einem unterirdischen Stollen überleben. Frau Just-Dahlmann, die Simons Erinnerungen in einem Buch aufgezeichnet hatte, bat mich, auch meine Geschichte niederzuschreiben.

Es gab auch solche Deutsche. Die Diskussion mit den Menschen in den Prozessen, vor allem aber auch die drei Jahre Aufenthalt in Gießen bestärkten mich in meiner Auffassung, daß der Vorwurf einer Kollektivschuld falsch ist. Als Zeuge des Holocaust kann ich sagen, daß es selbst in Polen unangebracht war, von »den Deutschen« zu sprechen. Die Mörder und Sadisten waren die überzeugten Nazis, die SS- und Gestapoleute, die fanatisch für die nationalsozialistische Ideologie eintraten und alles taten, um Hitlers »Programm« zu erfüllen. Die Deutschen in der Fabrik aber waren freundlich und halfen uns.

Ich sah auch Ludwig Semrad während des Köllner-Prozesses kurz wieder. Er sagte wie ich als Zeuge aus, stieg aber danach sofort in sein Auto, während ich noch die Urteilsverkündung abwarten wollte.

Als mein Vater in Israel einmal lange Zeit krank war, saß ich oft an seinem Bett, und wir sprachen von »jener« Zeit in Jagielnica. Wir waren uns einig darin, daß außer dem großen Glück, das wir gehabt hatten, wir es nur dem Ehepaar Semrad zu verdanken hatten, daß wir uns, geschützt in der Fabrik, vor den Judenjägern retten konnten. Ich versprach meinem Vater, einen Weg zu suchen, um den Semrads noch einmal unseren Dank auszudrücken.

Ich konnte beide 1978 in Österreich wiedertreffen und in Israel erreichen, daß sie von Yad Vashem, der nationalen Gedenkstätte für die Opfer des Holocaust, den Titel »Gerechte dieser Erde« erhielten. Dieser Auszeichnung liegt der Gedanke zugrunde, daß neben der Bestrafung der Naziverbrecher auch die Anerkennung der Retter verfolgter Juden von großer Bedeutung ist. Es war einer der glücklichsten Tage meines Lebens, als ich sie 1979 zu dieser Ehrung begleiten konnte, war es mir doch gelungen, ihnen die gebührende Anerkennung zuteil werden zu lassen und das Versprechen, das ich meinem Vater gegeben hatte, einzulösen.

1989 starb Herr Semrad, und sechs Monate später folgte ihm seine Frau Wanda. Ich habe, gemeinsam mit ihrem Sohn, das Grab besucht und einen Kranz darauf niedergelegt.

In Israel

Die Welt und der Holocaust

Nach einer Zeit des Übergangs, die alle Neueinwanderer in Israel zu bewältigen hatten, konnten sich die Menschen meiner Familie gut im Land einleben. Für mich begannen Jahre vielfältiger und interessanter Tätigkeit in der Wirtschaft. Ich hatte mich auf die Ersatzteilproduktion für Fahrzeuge spezialisiert und arbeitete in drei verschiedenen Unternehmen der Automobilindustrie in leitenden Positionen. Mehr als vierzig spannende Jahre brachten mir viele eindrucksvolle Begegnungen und persönliche Zufriedenheit. Ich empfand diese Zeit auch wie ein langes Studium an der »Hohen Universität des Lebens«, denn ich setzte mich intensiv mit den Ursachen und Folgen des Holocaust und mit den dunklen Erfahrungen in meinem Leben auseinander. Einige Fragen beschäftigen und belasten mich bis heute.

Die Juden, die damals in den europäischen Ghettos, Lagern und Verstecken lebten, waren wie ich davon überzeugt, daß die Menschen der »aufgeklärten«, demokratischen Welt in Europa und besonders in Amerika alles in Bewegung setzen, machtvolle Demonstrationen veranstalten, beten und fasten würden, um die Regierungen zu veranlassen, sich in das Geschehen einzumischen und das millionenfache Morden in Europa zu beenden. So dachten wir, die damals körperlich und seelisch gebrochen dort lebten. Doch nach der deutschen Kapitulation kam eine ganz andere Wahrheit ans Licht.

Die Alliierten versuchten glaubhaft zu machen, daß sie von Auschwitz nichts gewußt und erst nach dem Krieg den Massenmord an Millionen von Unschuldigen entdeckt hätten. In Wirklichkeit hatten sie, Demokratien par excellence, während des Zweiten Weltkriegs versucht, den Massenmord zu ignorieren, und sich in Schweigen gehüllt. Sie hatten sich, so hörten wir später, geweigert, Auschwitz und die dorthin führenden Eisenbahngleise zu bombardieren, unter dem Vorwand, das Vernichtungslager sei kein strategisch wichtiges Ziel. Die Amerikaner haben auf die Naziverbrechen zu wenig reagiert und kaum dagegen protestiert.

Ich kann mir dieses Schweigen bis heute nicht erklären und das Verhalten derer, die schwiegen, nicht verzeihen. Mir wurde klar, daß wir Juden im fernen Europa mit Wissen der Weltöffentlichkeit den Nazis ausgeliefert waren, und bis heute hat mir niemand das Gegenteil bewiesen.

Vor vielen Jahren nahm ich in Tel-Aviv an einem Symposium »Die Bevölkerung in Eretz Israel und der Holocaust« teil. Viele prominente Israelis, die während des Krieges versucht hatten, Rettungsaktionen für die europäischen Juden von Palästina aus zu organisieren, berichteten über ihre Tätigkeit. Auch davon war ich enttäuscht.

In Israel hörte ich die Theorie, daß der Tod von Millionen europäischen Juden die internationale Staatengemeinschaft dazu bewogen habe, der Gründung eines freien jüdischen Staates zuzustimmen. Sicherlich ist dies im großen und ganzen richtig, und sicher haben die Führer der Welt die Gründung des Staates Israel auch unterstützt, weil sie damit ihr schlechtes Gewissen beruhigen konnten. Dennoch verletzte mich das Aufrechnen der Toten gegen die Staatsgründung zutiefst.

Während der fünfziger Jahre, nach meiner Einwanderung, spürte ich starke Vorurteile den Überlebenden gegenüber, die aus Europa kamen. Öfter hörte oder las ich im Land Meinungen, nach denen sie als Einwanderer für den Aufbau des Landes nicht genug leisten könnten. Ich reagierte nicht, war aber davon sehr betroffen.

Auch in Israel, dem Land, in das ich mich endlich hatte retten können und in dem ich zur Ruhe kommen wollte, stellte man mir

Fragen, die mir die Sprache verschlagen haben. Eine vor allem liegt wie eine schwere Last auf mir und gibt mir keine Ruhe, seit ich das Land meiner Väter betreten habe. Meine israelischen Freunde und Bekannten, die während des Krieges nicht in Nazi-Europa waren, wollten immer wieder wissen, warum wir Juden in Europa nicht gekämpft, warum wir uns nicht gegen die Deutschen organisiert hätten.

Diese Fragen verwirrten mich. Ich beherrschte damals die hebräische Sprache noch nicht so gut, und es fiel mir schwer, die Situation in Polen unter der polnischen und ukrainischen Bevölkerung zu schildern, den tiefen Haß der Menschen um uns herum und die brutale Vorgehensweise der Gestapo. Es war mir nicht möglich, über die Prügel, die Folter, die Verstöße gegen die Menschenwürde, die Erniedrigung und mein Schuldbewußtsein, als einer der wenigen überlebt zu haben, in angemessenen Worten zu sprechen. Ich konnte den Fragenden offensichtlich keine Antworten geben, die sie überzeugten. Das hinderte mich jahrelang daran, über meine Erlebnisse in Polen zu sprechen und den Gefühlen von damals Ausdruck zu geben.

Als ich besser hebräisch sprach, versuchte ich noch einmal, die Lage und Stimmung, in der wir gelebt hatten, zu schildern, aber meine Erklärungen trafen erneut auf Unverständnis. Erst jetzt begriff ich, wie schwer es war, die erlebte Hölle zu beschreiben und anderen meine persönlichen Erfahrungen mitzuteilen. Sie würden nur von wenigen jungen und älteren Menschen in Israel verstanden werden.

Meine Gesprächspartner versuchten manchmal, die Ereignisse während des Zweiten Weltkriegs mit dem israelischen Befreiungskrieg des Jahres 1948 zu vergleichen, unsere Haltung damals mit der aufopfernden Tapferkeit der israelischen Jugend und ihrer Bereitschaft, für ihr Leben zu kämpfen, wenige gegen viele.

Sie konnten nicht verstehen, daß die zwei entscheidenden Ereignisse in der jüngsten Geschichte unseres Volkes – der Holocaust und der Befreiungskrieg Israels 1948 – nicht miteinander zu vergleichen sind. Die israelische Jugend konnte und kann nicht das

Diasporaleben der Juden in Nazi-Europa, insbesondere in Polen und der Sowjetunion, verstehen, wo die nichtjüdische Bevölkerung Hand in Hand mit den Nazis auf die »Endlösung« wartete. Der Wunsch zu leben und zu überleben war stärker als Logik und Verstand und führte zu einem gefühlsbetonten Glauben, der das Verhalten vieler Juden bestimmte. Ich sehe darin die Tragödie des osteuropäischen Judentums: Die Menschen haben sich täglich eingeredet, daß es schlimmer nicht kommen könne. Sie haben sich selbst davon überzeugen wollen, um sich nicht umbringen zu müssen aus Angst vor Folter und Tod. Sie hofften auf die Macht der Gebete und des Glaubens. Nur bei wenigen Gelegenheiten, als starke Persönlichkeiten die jüdischen Menschen vom Ernst der Lage und von den wahren Absichten der Nazis überzeugen konnten, kam es zu Aufständen und zu dem Versuch, so viele Verbrecher wie möglich zu töten. Der Erfolg war gering, und nur wenige Juden konnten sich dabei retten. Und selbst wenn es ihnen gelungen wäre, an dem einen oder anderen Ort ihre Henker zu überwältigen, wohin hätten sie gehen können? Es gab für sie auf dieser Erde kein Versteck.

Die Nazis wußten, warum sie ihre Vernichtungslager in Polen einrichteten und nicht etwa in Holland oder Frankreich. Dort wäre ein millionenfaches Morden unter den Augen der einheimischen Bevölkerung nicht möglich gewesen. In Polen und der Sowjetunion aber war der Weg bereitet: Es gab genug Antisemiten, die ihren Haß auslebten, während die Deutschen kommandierten. Sie wußten, daß uns niemand helfen würde. Wir waren vogelfrei.

Immer wieder hörten wir in Israel den Vorwurf, wir seien wie Lämmer zur Schlachtbank gegangen und hätten uns nicht gewehrt. Im Jahr 1974 ereignete sich in Maalot, einer kleinen Stadt im Norden Israels, ein tragischer Vorfall, der die Erinnerungen an diese Vorwürfe in mir wieder wachrief. Von drei arabischen Terroristen wurden zwanzig Schüler getötet und siebzig verletzt. Einige Lehrer und Begleiter waren dabei. Niemand versuchte, die Terroristen zu überwältigen, die, jeder in einem anderen Klassenraum, jeweils etwa vierzig Schüler mit einer Waffe in der Hand in Schach hielten.

Erst als die Armee eingriff, konnten die Schüler unter schweren Verlusten befreit werden.

Dieses Drama war Anlaß zu massiver Kritik von allen Seiten. Alle fragten: »Warum? Warum versuchte niemand, sich auf die Terroristen zu stürzen, es waren doch nur drei?«

Obwohl sich dieses Verbrechen in Israel und nicht in Polen ereignet hatte, obwohl die Lehrer und Begleiter in der Armee gedient hatten und obwohl die Schüler, anders als die jüdische Jugend in der Diaspora, zu freien und stolzen Juden erzogen worden waren, konnte ich weder die Lehrer noch die Schüler verurteilen. Ich verstand, was es heißt, einem geladenen Gewehr gegenüberzustehen und zwischen Leben und Tod entscheiden zu müssen. Mit meinem Bericht möchte ich versuchen, einen Beitrag zum Verständnis der vernichteten Generation zu leisten.

Rückkehr nach Zloczow

Mein Traum, meine Angst

In Israel versuchte ich zunächst, meine persönlichen Erinnerungen an die Kriegstage beiseite zu schieben. Nicht daran denken. Das gelang mir viele Jahre. Aber in den Nächten, gegen meinen Willen, träumte ich von den Grausamkeiten des 3. Juli 1941, von dem Massengrab in Zloczow, und von dem tragischen Ende der vielen.

Im Unterbewußtsein strebte ich danach, zurückzukehren, mit den Opfern eins zu werden, sie anzusprechen und das Kaddisch, das Totengebet, zu sprechen.

Bei jedem meiner Besuche in Polen plante ich einen Flug in die Ukraine, um Lemberg und Zloczow zu besuchen. Ich war sogar im Reisebüro der polnischen Fluggesellschaft LOT, um den Flugplan nach dort zu erhalten. Aber ich flog nicht. Ich hatte eine innere Angst. Ich fürchtete, daß ich während meines Besuches dort das Bild sehen würde, das ich in meinen Träumen immer durchlebte. Bei jedem Rückflug von Warschau nach Tel-Aviv war ich zufrieden, daß ich nicht nach Zloczow gereist war.

Aber dann, im Mai 1995, nach einem Telefongespräch mit Joanna Branska von der Gesellschaft für polnisch-israelische Freundschaft, erfuhr ich, daß eine kleine Gruppe Polen, die sich für die Zeugnisse jüdischen Lebens im ehemaligen Ostpolen interessierte, eine Exkursion dorthin plante. Frau Branska lud mich dazu ein. Ich flog nach Warschau und schloß mich der Gruppe an. Inzwischen war mein Buch auch in polnischer Sprache erschienen und im polnischen Rundfunk gelesen worden. Ein Team des polnischen Fernsehens begleitete uns auf der Reise in die Vergangenheit.

Am 25. Mai brachen wir mit einem Kleinbus nach Lemberg auf. Von dort aus unternahmen wir in den folgenden zwölf Tagen Reisen zu zwanzig Orten der Umgebung. Ein Wunschtraum ging für mich in Erfüllung: Orte, von denen ich in meinen Kinderjahren zum Teil nur gehört hatte, konnte ich jetzt besuchen. Überall fragte ich nach jüdischen Menschen. In mancher Stadt traf ich nur noch einen einzigen Juden, eine einzige Jüdin an. Es schien, als wären sie dort geblieben, um als Zeitzeugen über die Kriegsjahre Auskunft geben zu können.

Am 10. Juni 1995 sind wir von Lemberg nach Zloczow gefahren. Wir wählten für die Fahrt mit unserem Minibus die Landstraße, auf der ich am 26. Juni 1941 als Schüler meinen Marsch von Lemberg nach Zloczow begonnen hatte. Damals hatte mein Weg zu Fuß drei Tage gedauert, diesmal reichte eine Stunde. Wir fuhren durch Zloczow – und sahen Zamek, das ehemalige Schloßgefängnis.

Ich zögerte. Wie würde ich reagieren bei der Begegnung mit meinem Grab? Wir fuhren auf den Schloßberg und stiegen aus. Ich ging ganz langsam vorwärts, meine Füße trugen mich durch das Tor. Die Reporter begleiteten mich. Ich erkannte sofort die Gebäude und die Grube, jetzt mit Gras bewachsen. Ich zitterte.

Schritt für Schritt ging ich auf das Gras zu – und stand an dem Platz, wo ich damals unter den Leichen lag. Ich fing spontan an, zu den Begrabenen Hebräisch zu sprechen. Nach dem ersten Wort »Brüder –« bin ich zusammengebrochen. Ich konnte mich mehrere Minuten nicht fassen. Dann sprach ich wieder. Meine Worte – ich wußte im Augenblick nicht, was und wie mir geschah – habe ich am nächsten Tag von der Cassette, die mir das polnische Radio geschenkt hat, gehört:

»Brüder, ich kehre heute, nach mehr als fünfzig Jahren, an den Ort zurück, der unser gemeinsames Grab war. Vor fünfzig Jahren, am 3. Juli 1941, lag ich zusammen mit euch in dieser Grube, nach Leid und sadistischen Foltern. Ich zögerte vor dem Besuch hier bei euch. Während vieler Jahre träumte ich unendlich oft von dieser Hölle und dem längsten Tag meines Lebens. Ich fürchtete mich davor, daß mein Blick die Erde, die euch bedeckt, durchdringen wird und ich die schreckliche Wirklichkeit sehen und noch einmal durchleben muß. Doch mir wurde klar, daß ich hier herkommen muß, um das Ganze noch einmal mit eigenen Augen zu sehen und um Kaddisch zu beten. Diese Minute ist gekommen. Ich stehe hier ganz nahe bei euch. Mein Blick durchdringt die Erdschicht, die euch bedeckt. Ich sehe alles sehr genau, jene Nacht meiner Flucht von hier. Ihr konntet nicht fliehen. Aber vielleicht habt ihr mich als den einen, einzigen Zeugen ausgewählt, damit ich über die Hölle berichten kann.

Nun möchte ich euch sagen, daß ich vor drei Jahren, nach einer sehr langen Zeit des Schweigens, zu sprechen begann. Ich treffe Soldaten, Schüler und viele Jugendliche, die aus dem Ausland nach Israel kommen. Sie alle hören von dem Tag im Schloßgefängnis von Zloczow. Ich bemühe mich, ihnen genau zu berichten, was damals wirklich geschah; ihr Bewußtsein zu prägen, so daß alles im Gedächtnis der Menschen bleibt. Ich bemühe mich, ein würdiger Zeuge zu sein und verspreche euch, meine Brüder, so weiterzumachen bis zum Ende meiner Tage.«

Ich betete Kaddisch, das Gebet für die Verstorbenen, und sprach dann noch einmal in Polnisch zu den Opfern.

Ich war dort. Ich habe den Kreis geschlossen. Ich danke dem Schicksal für die Möglichkeit, jetzt endlich, endlich zu erzählen.

Maßstab 1:300 000.